文春文庫

元刑務官が明かす

死刑のすべて

坂本敏夫

文藝春秋

はじめに

本日ただ今、ひょっとしたら日本のどこかで行われているかも知れない死刑の方法がこの本に書かれている。

死刑の本はたくさんあるが、史料的なものは別として、どの本も多かれ少なかれ事実と異なることが記載されている。「死刑囚がかわいそう」「国家権力はけしからん」という視点で書かれたものは、死刑囚が美化され全く別人になっていたりもする。

近年国会議員の間で死刑のことが話題になり、超党派の議員による法案提出の動きがあるやに聞いているが、私には、選挙の票につながる死刑廃止、終身刑導入とはどんなものなのかよくわからない。ただ、議員たちが今の死刑がわからないまま、安易に法案を作成しようものなら、お寒い司法の現実から、日本という国はさらにひどい国になってしまう可能性がある。そこで私は危機感を持って、現在の死刑だけに焦点を当て、人の命を奪う行為の周辺にあるものを可能な限り拾い集めてみたのである。

死刑の執行現場にいたというだけではこの本は書けない。死刑囚の側の情報があってはじめて死刑が語れるからである。その重要な部分で私をサポートし、時には力を与えてくれたのが、死刑囚の関係者であるT子さんとY子さんである。彼女たちは、たった一人で死刑囚と正面から向き合い、本音だけで十年以上も付き合っている。死刑囚を日夜処遇している刑務官の側から見れば、死刑囚の心情の安定に寄与してくれる正《まさ》に頭が下がる存在なのである。

二〇〇二年七月はじめ、フジテレビ・角谷優氏から映画『13階段』（二〇〇三年二月公開）の矯正施設関係アドバイザーを依頼された。

後に聞いた話では、弁護士会を通じて法務省に死刑の執行に関することを照会したのだが、人権上の問題などを理由に、取りつくしまもなく断られたのだそうだ。もっと早くから関わっていれば、と思う場面もあるが、映画のデキ自体は素晴らしいものである。観客にとって、いきなりの死刑の執行場面は恐しく、そして悲しい。大変な衝撃を日本中に与えるだろう。

この映画は本書を読んだ方には必見の映画である。是非心にとめて観てほしいのが、主演・山崎努が演じる南郷刑務官である。

山崎さんとは花輪和一氏の劇画『刑務所の中』の映画化（映画『刑務所の中』崔洋一監督、二〇〇二年公開）に続き二回目のお付き合いだった。前回は受刑者、今回は刑務官。それも死刑囚処遇の責任者・主任の役で死刑を執行する。山崎さんをじっくり観ていただければ、その表情から心ある刑務官の優しさと責任感、そして自分に対する厳しさを感じ取っていただけると思う。
撮影終了後、山崎さんから礼状をいただいた。
――坂本さんのやさしい人柄に接し、刑務官の真実がわかったような気がします――
本物の刑務官以上に素晴らしい刑務官を演じてくれた山崎さんに心より感謝したい。

本心を明かせば、ここまで踏み込んで死刑のことを書けるとは思っていなかった。少なくとも『13階段』の映画に関わっていなかったら本書は書いていない。いや書けなかっただろう。言葉では言えない数々のしがらみがある。映画にバックアップされて世に出る幸運は否定できないが、無数の糸を一本に編み上げてくれた神の力と、処刑場に消えたあまたの命。そして執行の任に当たった刑務官とその家族の思いがあることを肌で感じている。

死刑のすべて

目次

第二章　これが現在の処刑だ

第三章　拘置所の日常と死刑囚の生活

第五章　殺人犯、その裁きの現場

第六章　死刑を執行するということ

劇画・緒方りる

第一章　二〇〇一年　死刑執行はかくなされた

異例の年末執行をめぐるドキュメント
実録・死刑囚が処刑されるまで

よもやの死刑執行命令

二〇〇一年、十二月二十二日午後五時を回っていた。

「Aさん、処遇部長がお呼びです」

電話を受けた職員が主任矯正処遇官Aに伝えた。

「処遇部長が……!?」

Aは席を立って部屋を見回した。首席も統括もいなかった。Aは独居舎房を受け持っている。

「点検は終わったな?」

「はい、総員五百三十一名異状ありません」

処遇事務の看守が答えた。上官に会う時は必ず収容人員報告をする。

「五百三十一名異状なし」

Ａは現在人員を復唱すると部屋を出た。

数メートル先の処遇部長室のドアの前には用度課長がいた。小脇に執務用の大判の日誌を抱えている。ノックをしてからノブを回し入室する姿を、その場にたたずんで目で追った。嫌な予感がした。

天皇誕生日、クリスマスイブと続く明日からの連休に子どもたちを連れて行楽に出掛けることにしていた。外出外泊の届けも出して準備万端、あとは帰るだけだった。

「Ａ君、きたよ」

「いつですか？」

処遇部長の言葉にＡは直ちに反応していた。

「二十七日だ」

公務員にとっては二十八日が御用納め。その前日二十七日といえば大掃除をしたり書類整理をして新年を迎える準備をする日である。

〈なんでこんなにおしせまってから……〉

口には出さなかったが自分でもいやな表情を作ったのがわかった。

処遇部長、首席、用度課長らミーティングテーブルに座る幹部の視線が集まる。嫌な思いは皆一緒らしい。

「Yですね」

「そうだ」

処遇部長がうなずいた。

所長以下、今の上層部に経験者はいない。幹部たちがそろって自分を頼っているのはわかっている。本来ならば、皆の期待に応えられるよう張り切らなければならないのだが、今度ばかりはそんな気持ちになれなかった。

注・処遇部門の上下関係
処遇部長――首席――統括――主任――一般職員（看守部長、看守）

浮き沈みする遺体

一九八三年の大晦日、湾内の海面を浮き沈みする遺体が発見された。遺体には多数の打撲痕があり、顔面も激しく損傷していた。殺害されたのは、金融業者の男性（当時三十九歳）。捜査本部は、被害者から多額の借金をしていた運送会社の経営者Yを割り出し、身辺捜査を開始する。任意の参考人調べをしていくうちに、会社従業員Iの自供により、Yとの共犯による殺害の一部始終が明らかとなった。

借金の返済を迫られ殺害を決意したYは、十二月二十五日、被害者を魚釣りに誘い出す。竿を下ろした岸壁で、YとIは隙をみて被害者を鉄棒でメッタ打ちにして殺害、遺体に錨をつけて海中に遺棄した。

ところが、二人が起こした事件は、この一件だけではなかったのである。

単独犯による事件は、迷宮入りとなるケースが多い。しかし、犯人が複数の事件では、仲間の自供から事件があばかれる場合がある。懺悔《ざんげ》したいという意識があるのか、自分の刑を軽くしたいと打算が働くのか、いずれにしても、過去の犯罪の真相が、共犯者の自白によって、白日の下に晒《さら》されるのである。Ｉの自白により、次々と過去の殺人が明かされていった。

一九七九年十一月、Ｙは知人の男性（当時二十歳）を事故死に見せかけて殺害し、保険金を騙《だま》し取ろうと計画、Ｉとともに犯行に及んだ。船での夜釣りに男性を誘い出し、沖合い一キロメートルの海上で男性を船から突き落とし溺死させたのである。ところが、警察は男性の死亡を自殺と断定し、保険金の受け取りは失敗する。

そして一九八三年一月、Ｙは従業員に掛けた保険金を騙し取ろうと、Ｉに同僚のＤさん（当時三十歳）殺害を指示した。Ｉは国道の人気のない場所で休憩しようと言って車を一旦停車させ、車外でＤさんを鉄棒でメッタ打ちにして殺害。遺体を乗せた車を谷底に転落させて事故を装った。警察は事故と断定、ついに二人は、まんまと保険金を騙し取ることに成功したのである。

死刑の執行は法務大臣が命令する

死刑の執行は検察庁の上申に基づき、法務省内部で検討され、関係部局を回議してから、官房長、次官、副大臣を経て法務大臣に上げられ決裁を仰ぐことになる。起案文書に押される印鑑の数は三十を下らない。

ＹとＩは三件三人を殺害した殺人等の罪で起訴され死刑を求刑された。一審の判決は一九八五年。Ｎ地裁で死刑が宣告された。その後、Ｎ高裁で控訴棄却、さらに最高裁で上告が棄却され死刑が確定したのは一九九三年だった。なお、Ｉは上告せずに死刑が確定。一九九八年に処刑されている。

死刑を求刑した検事、死刑の判決を下した裁判官、死刑の執行命令起案書に印鑑を連ねた官僚と大臣たちを数えれば百人を越す。彼らは死刑執行の現場には一歩も立ち入らない。全くの部外者なのである。

命令書に署名し印鑑を押した大臣にしても、自分の手で人の命を奪うのだという切迫した気持ちにはなっていないだろう。

霞ヶ関の合同庁舎六号館、近代的な高層ビルにある大臣室の窓からは皇居、丸の内、日比谷一帯を見渡せる。この景色を見ながら果たして暗い陰湿な刑場を想像することができるだろうか。

暗い地下室
凍えるような冷たい動かない空気
人目をはばかり、秘密のうちに運び込まれる白木の棺《ひつぎ》
異状な白さが目立つ太いナイロンのロープ
正装した刑務官の白い手袋
牧師の法衣
聖マリアの絵画と十字架のキリスト像
泣き叫ぶ死刑囚の声
死の台に移動する衣擦《きぬず》れ
絶叫と轟音《ごうおん》
飛び散る体液
宙にぶら下がる断末魔の肉体
死亡が確認されてからストレッチャーの上に寝かされる遺体
検事の検視
遺体の清浄
納棺
献花

遺体安置場への搬出
棺前教誨《かんぜんきょうかい》(所長以下幹部、舎房担当など関係者を集めて霊をとむらう塀の中の葬儀)

大臣にこれらのうちのどれか一つでも頭に描いてもらえたとすれば、執行現場にいる者も少しは浮かばれるのだが……。

異例の年末執行はなぜ……


そもそも年末のこんな時期に死刑を執行させるのだから何も考えてはいないのだろう。

「Yには支援者も多い。有名な死刑囚だから後が面倒にならなければよいが……」

「マスコミがうるさいぞ。その対策を十分検討しておかないといかん」

上の指示には無条件で「命令だ!」のひとことで張り切る幹部たちも気が重そうである。

心新たに新年を迎えるはずのところ、処刑をしなければならない。本当にいい迷惑だ。

「本人は(年内は)ないと思っていますよ」

AはYの姿を思い浮かべながら言った。

「月の半ばまでは毎日遺書を発信してきたんだがな。かなわんかったよ……」

首席がAの顔を見ながら言った。

「――そろそろあぶない。そんな噂が流れています。担当さんの顔を見れば何かいつもと違うので、僕も『そうなんだ』と覚悟を決め、皆様に文をしたためております。いつ絞首台に上ろうと見苦しくないようにしたいと思っているのですが……」

毎日二通、達観したような内容で親族や弁護士など部外の者に手紙を出し続けていたYだった。

手紙の内容は発信も受信も必ず検閲をする。検閲に当たった刑務官は、その要旨を書信表に記録し、手紙を添えてAを経由し、首席に許否の判定を受けるために決裁を上げるのである。

首席にとっては猜疑《さいぎ》と苦痛が伴う決裁だった。刑務官は誰ひとり「死刑が近い」とは言っていないはずだ。Yが探りを入れているのかもしれない。

自信を持って答えられるなら、「まだ心配はいらん」と言ってやりたい。こっちだって確かに生きている人間、生き続ける人間を処遇したいのだ。

いつ処刑されてもおかしくない死刑囚とは目さえも合わせたくない。まして会話などとんでもない。自分が交わした、その一言が今生の別れになったなんてことにはなりたくない。舎房巡回でも自然と足音を殺してしまう。そしてサッサと居房の前を通り過ぎる。確かに処刑直前の死刑囚からは特別なオーラが放たれていた。

拘置所長には一月余り前に内々の情報が法務省矯正局の高官から入っていた。

決裁がまわっているから「近くあるかもしれない」という電話だった。「近く」がいつかは全くわからない状態でクリスマス前になってしまったのである。

「本人は二十日ごろまでに処刑されると思っていたんですね。部屋の中は、いつ帰らぬ身になってもいいようにということでしょう。整理整頓はきっちりやっていたし、書籍から日用品、箸まで私物品についてはこれは誰々に渡して欲しいと、しっかりノートに書き残していました。しかし、執行の日が二十七日というんでしょう。クリスマスの直後、数日後は正月ですよ……。何とかならんのですか？」

Aは処遇部長の顔を見て言った。徐々に声のトーンが高くなり、しまいには大声になった。不条理な年の瀬の執行命令に怒りのほこさきを向けられるのは、この場では階級の最も高い処遇部長になる。

しかし、彼とて思いは同じなのだ。腕を組み、口をへの字に結びうなずくだけだった。

拘置所看守は人殺し！

翌朝、Aはワンボックスカーのハンドルを握っていた。予定通り、妻と小学生の二人の男の子を連れて行楽の旅に出たのである。

連休に準備をはじめなくてよいのか、と心配する幹部に「祝日とクリスマスイブですよ、止めましょう」と言って返答した。慣れとはおそろしいもので、回を重ねれば淡々と処刑の準備作業に当たれる。

Ａにとって、Ｙの処刑が四回目の死刑執行の仕事になる。上官の信頼が厚く仕事ができると評価され、長い間、死刑囚を受け持たされている。

Ａの脳裏に同僚の顔が何人も浮かんできた。事件事故があると、いつの間にかその場からいなくなる連中である。

〈同じ月給をもらうなら、「見ざる言わざる聞かざる」で被告人の規律違反にも素知らぬふりをして逃げ回っていれば、こんな仕事をしなくて済んだのに……〉

処刑によって人の命を奪った祟《たた》りや死者の怨念とは思いたくないが、六十歳代の父母を立て続けに亡くしている。

Ａが初めての処刑を経験した後に官舎を出たときのことである。処刑直後に死刑反対の市民団体を名乗る連中が官舎に向かってシュプレヒコールでがなりたてた。

「拘置所看守は人殺し！」

「お父さんたちに言ってくれ。ヒトを殺すのはもうやめて！　死刑は国家権力の殺人だ！」

人権活動家を名乗る連中こそ人権なんかわかっていない。官舎には何も知らない子どもや妻たちがいる。Ａは幼い息子たちの寝顔を見ていると、とても官舎には住めないと思った。

過去の処刑について三回とも妻には「俺は関係ないよ」と言ってある。今度もまた死刑執行の記事が新聞に載れば聞かれるだろう。やはり答えは同じだ。

「まだ、俺の順番じゃない……」

「そうですか」

妻は複雑な笑顔で俺を見るはずだ。

子どもたちのはしゃぐ声を聞きながらAは、この子らと妻には忌まわしい災いがふりかからないようにと願うのであった。

●死刑囚はどこにいるのか

日本の刑事拘禁施設には、受刑者を収容する刑務所と、容疑者や被告人を収容する拘置所があるが、死刑囚は高等裁判所所在地（高松を除く）の拘置所に収容されている。

ちなみに刑事拘禁施設の数は次のとおりである。

［刑務所］	［本所］	［支所］
	67	6
成人刑務所	50	4
少年刑務所	8	
女子刑務所	5	2
医療刑務所	4	

〔拘置所〕	〔本所〕	〔支所〕
	7	110
うち死刑囚収容施設	5	2

●実在する死刑囚

二〇〇六年三月一日現在で、死刑囚は八十二人いる。

死刑囚を収容する拘置所と現在人員

〔拘置所〕	〔収容人員〕	〔第一審裁判所所在都道府県〕
札幌	1	北海道内
仙台	4	青森、岩手、宮城、秋田、山形、福島
東京	43（内女2）	栃木、茨城、群馬、埼玉、千葉、東京、神奈川、新潟、山梨、長野、静岡
名古屋	5（内女1）	富山、石川、福井、岐阜、愛知、三重
大阪	20（内女1）	滋賀、京都、大阪、兵庫、和歌山、徳島、香川、愛媛、高知
広島	1	鳥取、島根、岡山、広島、山口
福岡	8	福岡、佐賀、長崎、大分、熊本、鹿児島、沖縄

死刑囚舎房担当という憂鬱

十二月二十五日、主任矯正処遇官のAは普段通り登庁した。努めて明るい表情で舎房を巡回する。足取りも言葉遣いも普段と変わらないように気を付けている。足も心も重たいが死刑囚Yのいる舎房に入る時間は時計を見ながら午前九時ちょうどに入った。朝の巡回は死刑囚を受け持ってからは一分と狂わないように定時に舎房に入るよう心掛けている。

独房が三十三並ぶF舎は死刑囚と死刑判決を受けた者などを集めている。巡回では最も足が重くなる舎房である。

舎房担当S看守部長が歩み寄ってきて敬礼した。Aは敬礼を返す。

「報告します。総員二十八名、異状ありません！」

「ご苦労さん」

再びSとAは敬礼を交わした。

「主任！」

「んっ……」

AはS看守部長から視線を外した。目に入ったのは独房の扉が一列に並ぶいつもと変わらぬ舎房である。クリスマスイブの余韻が残っているのだろう。舎房の空気は穏やかだった。先週までの氷が張ったような冷たく鋭い静寂はなかった。

Aも S も知っていた。

巡回者の足音に耳をそばだてる収容者たち。

〈今朝こそは、Yが処刑のために引っ立てられていく！〉

そんな、傍観者たちのある種の期待が生んだ静寂だった。

今朝はまるで違う空気の緩《ゆる》みである。処刑の噂はガセネタだったということになったようだ。

順次房内を見て歩く。一房は空房、二房から待ち切れぬとばかりにあいさつの声があがった。

「主任さん、メリークリスマス」

Yがニコニコして窓辺に立っていた。

「メリークリスマス……」

Aも笑顔で応えた。

「まさかのクリスマスで嬉しいです。イエスさまのお恵みです」

「そうだな。新しい絵も描《か》き上げられるな」

「はい。ありがとうございます」

「今日はケーキが出るんだろ？」

AはS看守部長に向かって言った。心の動揺を見透かされたくない。一刻も早くYの房を離れたかった。

「はい……」

「感謝していただきなさい」

Aは Yの房を後にした。

クリスマスの日のケーキは恒例になっている。拘置所から全収容者に対して配るプレゼントなのだ。今年は昼食後にショートケーキと温かい紅茶、みかん一個が配られることになっている。

ゆっくりと各房をのぞいて歩いた。端の三三房も空房である。SはAの先に立って舎房通路の扉を開け、Aを渡り廊下に送り出した。自らも後についてきて言った。

「主任、年内にあるんですか」

S看守部長は首席や処遇部長らの態度に何かを感じたのだろう。

F舎（死刑囚舎房）担当は最もつらく厳しい、ストレスのたまるポストである。歴代の担当はみな心身ともに消耗している。二年という任期を全うできずに配置換えになった刑務官も少なくない。

彼らは、頼りにならない上司、無責任な上司と収容者との間で板挟みとなり、心身にダメージを受けたのである。

黒々とした髪が白くなり、胃潰瘍を患《わずら》い、

鬱病を発症し、
自殺未遂をした者までいた。

Aも主任に昇任してここにくる前は刑務所で工場担当を経験し、上司の不条理に何度くやしい思いをしたかわからない。S看守部長の心労は誰よりも理解できる。

「二十七日らしい。情報は必ず伝えるから頼むよ……」

「やっぱり……。隠されるのが一番困るんです。私は毎日面と向かって処遇している。一緒になって泣き笑いをしているんです。――ここにいない人間に何がわかるというんですか」

「S君……」

AはSの肩を叩いて、その場を去った。

「わかっている」という言葉を飲み込んだのである。

自分は首席や処遇部長よりはわかっている。しかし、Sの十分の一もわかってはいないだろう。

Aが女区を巡回中に無線が入った。

「主任さん、首席が処遇部門に上がってこいと……」

女区の担当看守がAに伝えてきた。

「ありがとう」

Aは、若い女子看守に敬礼をした。教師を夢見て大学に行ったが、教育委員会にも県会議員にもツテがない彼女は、故郷の教員になれずに刑務官になった。

夢は破れたものの、犯罪を犯した成人女性の更生に、大学で習った教育学や心理学を生かそうと一生懸命になっている。

その彼女が、最初にAに質問したのが、女死刑囚・F子のことだった。

F子は会社の資金繰りに困り、身代金目的の誘拐をした。共同経営者である妻子ある男の愛をつなぎ止めようと、若い女性を誘拐し、身代金を要求したのだが受け取れずに失敗。睡眠薬を飲ませ眠らせてから首を絞めた。苦しまなかったことが被害者、遺族のせめてものなぐさめという事件だった。

「主任さん、どうして、F子さんが死刑になるんですか？　彼女が死刑だったらここにいる人の半分は死刑になってもおかしくないじゃないですか」

Aは返答に困ったが、彼女の目を見て言った。

「私も君と同じ気持ちだ。一緒に考えられる部下ができて嬉しい」

確かに彼女の言うとおりだ。覚せい剤でつかまった女囚たちは、クスリを手にいれるために何も彼もほうり投げて生きている。乳飲み子の育児さえもせず、幼児虐待で傷害致死という罪名で刑務所に入っている者もいるが、覚せい剤によって母性はおろか人間性までも失っている者が多い。

女死刑囚は全国でもたった四人。そのひとりがいるこの女区で勤務をはじめた汚れなき新任刑務官の一言にAは心が洗われる思いがした。

Aは女区事務室に入り、受話器を取った。

「あと三十分待ってください。いつもの巡回を止めるわけにはいきません」

「どういうことだ！」

首席の声が荒くなった。「俺の命令がきけないのか？」と怒っているのだろう。

「いつものとおりの動きをしないと、無事にあさってを迎えられませんから……」

「そこまで気を遣わなくてもいいだろう。所長がお待ちだ、すぐに来てくれ」

「ここにいる者はみな嫌がっていることなのです。あやしい雰囲気はすぐに伝わります。もしも外部にもれればまたマスコミが押し寄せますよ……」

「……できるだけ早くきてくれ」

「わかりました」

Aは首席の返答を待たずに受話器を置いた。

前例のない年末の死刑執行。しかも、Yは死刑反対を唱える市民グループ、宗教家などの支援を受けている死刑囚なのである。

いつからこうなったのか、死刑の執行は陰でこそこそと、まるで騙し討ちのようにして行われる。

極秘で行う正当な職務執行だ、と口で唱えられても人の命を奪う刑罰である。ただでさえ胸を張って言えない仕事のところ、そのやり方を見ればまるで悪いことをしているような気になる。

刑務官はみな腹の中で、自分だけは関わりたくないと思っているのである。職務を離れれば主義主張もいろいろ。だからその執行に当たる人選は慎重にしなければならない。職員にもぎりぎりまでさとられないようにしないと、思わぬトラブルが起こるのだ。

処刑担当者の人選

その頃、処遇部長室では首席と警備担当の統括が極秘の人事記録と、全職員に毎年書かせる身上申告書の綴りを持ち込んで執行担当者の選定にかかっていた。

一口に「拘置所」といっても規模がある。処遇部門刑務官数が五百人を超す大施設から、百人余りの小施設まで様々で、各施設にはそれぞれ選定の事情がある。

しかし、あくまでも選定は所長の考え方ひとつでどうにでもなる。部下思いの所長なら、

「なるべく主任以上の幹部で執行に当たりなさい」

と指示を出すだろうし、処遇部長に全権を委任して、

「よきに計らえ」

という所長もいる。

失敗を恐れる所長なら、経験者でかためろと言うかも知れない。

また、多数の死刑囚を抱え執行回数の多い拘置所では、それなりに基準ができている。共通しているのは、主任以上の職員は官職で指定し、連行や執行ボタンを押す係は警備隊員と経験年数十年以上の刑務官から、順番で選定している。

「まずは所要人員だ。首席の意見は？」

「前回執行の例のとおりでよろしいかと思っております」

首席の指示で統括が建物配置図のコピーを配った。

連行担当　五名

通路警備・各要所に一名配置　五名

（連行開始十分前に配置し一切の通行を遮断する）

執行分担（連行担当、通路警備担当で行う）

・刑場二階　三名（幹部を除く）

・執行ボタン　三名

・地下室　二名

・出入口警備　二名

その他

・表門に一名増員

「刑場には全部で十名。我々幹部が五人はいるだろう。そんなに大勢必要なのかな……」

「絶対に失敗は許されませんし、Yについては遺体で引き取られるはずですので、暴れられても傷をつけないように制圧しなければなりません。多いにこしたことはありません」

「失敗はできない……。ふうむ」

処遇部長はなるべく少人数でスムーズに執行ができればと思っていたのだが、傷つけることも許されないとなると、首席の言うとおりと、うなずいた。

「――A主任に連行の指揮をとらせるとして、九名を指名するわけだな?」

「警備隊員と看守部長以上の中から選びたいと思っています」

「毎回警備隊員を使うと何度もやる者が出てくるのではないのかな?」

「二案作って、所長のお考えをお聞きしたいと思っています。経験者のほうがいいと思われるかどうかです。隊員も自分たちの仕事と思っているかもしれませんし、私は二度三度と重なっても文句は出ないと思うのですが」

「そういうものかな」

この場にいる三人は全員が未経験である。A主任がいたら「一度経験した者ならば、二度とやりたくはない不快な仕事です」と、意見を言っただろう。

死刑執行の立会い

法律（刑法）では死刑の執行場所を「監獄」と定めているだけで、だれにやらせるかは規定していない。監獄でやるのだから監獄の職員ということになるのだ。

唯一法律（刑事訴訟法）で指名されているのは立会い者である。

・検察官
・検察事務官
・監獄の長又はその代理

なぜ、監獄の長には代理が認められているのか？　自らでなくてもいい理由——それは、死刑という刑罰は「高官」がやらなくてもいいということである。

立会い検事は検察庁のトップとは書かれていないのだから検察官なら誰でもいい。

法律ができたのは明治四十年。当時の監獄の長は別格だった。判事に検事、政府の高官も監獄の長になっていた時代である。

「犯罪者の中でも極悪人を殺す刑罰の執行は下に任せればよい」

ということだったのである。

監獄（刑務所、拘置所）の長の別格人事は敗戦まで続いていた。刑務官なら誰でも所長になり得る今の人事体系になったのは、一九四五年八月の敗戦以降である。民主化というよりも所長のポストそのものが降格になったというべきで、それ以来、法務省高官を占める検察官には決して頭が上がらない刑務所長と拘置所長という図式ができあがったのだった。

執行二日前・あと四十時間

二十五日午後五時、庁舎会議室にA以下十人の刑務官が集められた。

「所長の命令により諸君を選定しました。困難で重大な職務を執行してもらうことになるので誰でもという訳にはいきませんでした。仕事ができる優秀な職員であることが条件でした……」

処遇部長が訓示をはじめた。

Aの他には、警備隊所属の職員五人と経験年数十数年の中堅の看守部長四人が二列に並んでいる。

ひとりずつ首席に呼ばれ、居残りを命じられた時に「もしや!?」と覚悟したのは何人いただろうか。

「君の仕事ぶりには常々感心していた。御用納めを前に頼みたいことがあるので本日退庁点検が終わったら居残りをしてほしい……。他の職員にこのことは言わんでくれよな」

首席にこんな言い方をされれば、御用納め式に行っている恒例の「職員表彰」の指名かと思ってしまう。

事情を知っているのは、Ａと警備係長だけだった。もちろん他言はしていない。他の八人は明るい表情で、

「なんですかね」

「遠方への護送出張でもあるんでしょうか」

「年末の表彰!?　心当たりがありますか」

などと思い思いに胸中を話し合っていた。雰囲気は明るかった。

「――死刑囚Ｙの刑の執行命令がくだされました。明後日午前八時三十分から特別配置に就いてもらいます。知ってのとおりＹは外部の支援者が多くついている特殊収容者です。事前にことが漏《も》れないよう、万全の注意を払って欲しいとお願いしておきます」

会議室の空気が凍り付いた。十人の刑務官はしっかりと目を見開いた。

〈まさか……。こんな時期に、しかもＹが!?〉

一様に驚きの息をつき、まばたきを止めて処遇部長をにらむように見据えた。ここに長い年月勤めていれば、許されざること、犯してはならない掟《おきて》があることを知っている。

クリスマスを迎えられれば新年を迎えられる。日々、執行の恐怖におびえる死刑囚が、最も安心できるのが、このひと月余りの期間である。

「わたくしにとっては今年のクリスマスほど嬉しいものはありません。すっかりあきら

めていたのですから。これも神様のお慈悲です。拘置所長さんたち皆様のお陰です。お与えいただいた今生での時間をさらに有意義に使いたいと思います」

Yは A に対して涙を流して感謝の言葉を口にした。

「――失敗もトラブルも許されない重大で困難な職務の遂行に熟慮を重ね、皆さんを選んだ次第です。いわば名誉ある指名と言えるでしょう」

処遇部長は目の前に二列の横隊で並ぶ刑務官の顔にひとりずつ視線を止めて、ゆっくりと見回した。

〈私の特別の計らいだ。感謝したまえ〉

自信満々の指揮官の顔だった。自らの言葉に酔っていたのかもしれない。

「名誉ある指名」は遠方への特別出張というご褒美《ほうび》と特別昇級（年に一度の定期昇級の他に、職員定員の一五パーセントの枠内で成績が特に優秀な者を昇級させる制度）を意味する。

看守部長Cは拳《こぶし》を握り締め動揺を必死におさえていた。何があろうと絶対服従が刑務官の定めである。造反、いや意見を述べることさえ刑務官生命を懸けて行わなければならない。

わが国の刑務所と拘置所は、「秘密主義」という権力者には都合のいいベールで包まれている。しかも、閉鎖された厳しい階級社会である。上官の命令には不条理であろうが、違法であろうが、背《そむ》くわけにはいかないのである。

ましていて、「死刑の執行」は職務行為である。辞職覚悟でなければ、「できません」とは言えないのだ。

Cは死刑囚がいる舎房の交替担当として二年余りYの処遇をしたことがある。Yのことは舎房主任のAと同じぐらい知っている。

「それでは、分担など細かな指示は首席から……。以上！」

処遇部長は姿勢を正し、統括に視線を送った。

「気をつけ……礼！」

Cは統括の号令には従わなかった。ひとり放心したような顔をして突っ立ったままでいた。

「C君、大丈夫か？」

首席が声を掛けた。

Cにとっては精一杯、心の内を反抗的な態度で表したのだが、居合わせた幹部は不遜なもの、反抗的な態度とは思わなかったようだ。

少なくとも首席は死刑の執行担当を命じられ驚愕とショックがなしたものと理解した。

Cは博学で人品いやしからず、収容者からも厚い信頼を受けている職員である。死刑囚などを扱う重罪犯舎房の次期担当と目されている。

処遇部長が退室し、首席、統括、A以下十人の執行担当者は全員円形の会議テーブルに着席した。

首席がおもむろに決裁を終えた起案文書を広げた。

「日程の詳細を連絡します。これより担当部署、係の分担、留意事項などについて打ち合わせを行います。それが終り次第、今日のところは解散します。明日は午前九時、ここ会議室に集合してもらいます。諸君は全員勤務配置を外しています。――終日、刑場の準備、予行演習などを行いますが、午後には所長の視察も予定しています」

いつもの処刑準備スケジュールがあらゆる感情を押し殺して淡々と動き出した。

死刑執行官の選定基準

刑の執行に失敗という言葉はない。天変地異が起ころうと死刑は絶対にやり遂げなければならない。

執行担当者は心身ともに健康で信頼できる処遇部門の職員から選定する。まずは警備隊員、十年以上の勤務経験がある職員の中から候補者を選び出し、特別な事情がある者を外して候補者名簿を作成し所長の決裁を受けてから告知する。

指名の方法は発令簿をもって行う。

発令を見送る事情とは次のようなものである。

・妻子に妊婦がいる者

・病気で入院中の家族がいる者
・本人及び子女の結婚予定がある者
・喪中の者　など

●死刑に関係する業務と担当部課、部門

総務部
- 庶務課　刑執行の事務
  死亡届、火葬許可証
  遺族への通知
- 会計課　遺留金品の交付事務
- 用度課　棺、供物などの購入
  火葬場などの手数料の支払い

処遇部
- 処遇部門　刑の執行
- 企画部門　教誨師《きょうかいし》との連携
  教誨

医務部（課）　死刑の立会い

……

死亡診断書の作成

三カ月間のYの心情

十月に入ってすぐのことだった。

「主任、執行があるんですか？」

書信係がAのもとにやってきて、Yの手紙を差し出した。

——長い間、お世話になりました。覚悟はしていましたが、ついにその日がやってきました。○○さんはじめ本当に多くの人に生きていることの素晴らしさを教えていただきました。死刑囚でありながら、「生きたい、生きて償いたい」と言い続けてきたのは——

〈だれがYに処刑が近いと言ったのだろうか〉

遺書を読むのはつらいことである。確かに一番危ないのはYだ。九月はじめ、法務省から死刑囚現況調査表の作成指示があった。作成したのはA、死刑囚全員が対象だった。調査表には、再審請求の件、外部支援者と支援団体の動き、本人の心情などを詳細に書く欄がある。Aは、一番危ないと思われるYについては何を書いたかよく覚えている。

被害者の遺族のひとりが死刑執行をしないように嘆願書を出していることも書いた。

「こういうのは本当にイヤですね。だれか余計なことを言ったんですかね」

「来信にそれらしい記載はなかったか？」

「警戒しているうんぬんというのはいつものことです」

「今年はまだないからな。あるとすればYは最有力候補だ。深いつながりのある支援者個人にあてて書いているとなると、これからこんな遺書があと十通ぐらいは出てくるだろうな」

「みんな許可でいいんですか？」

「ああ、弁護士、親族経由なら今までどおりOKだ」

〈今年はまだ死刑の執行がない。まさかゼロで年を越すとは思われない。まして法務大臣は、死刑には確固たる姿勢を示している日本版鉄の女・森山真弓である〉

Aもまた死刑執行の命令があるのではないかと落ち着かない日を送ることになった。


Yは十二月に入ってから再度、遺書の発信を願い出てきた。自分で十二月中旬限りの命と予想を立てたようだった。しかし、その日も過ぎた。Yは二十日を過ぎると年内の執行はないと確信し、クリスマスを迎え、正月の準備に入った。

この三カ月、死刑があるかもしれないと毎朝呼び出しの恐怖に身を置いていたYの心情を思うと、Aは何とも言いようのない胸のつかえを覚えた。

●死刑囚の外部交通の相手

死刑囚の処遇は法律（監獄法）によれば刑事被告人（被疑者、被告人などの未決拘禁者）に準じることとされている。

ただし、面会と手紙のやりとりといった外部との交通は、その相手を原則として親族に限る、と制限を加えている。すべての外部交通を許すと心情の安定を損ねるからという理由で、法務省から通達が出されているのだ。

一九六三年のことだから四十年も前からの規制である。

この外部交通相手方の制限は、死刑制度に反対する人たちによって「違法だ！不当だ 人権蹂躙《じゅうりん》だ！ 死刑囚を生きたままこの世からその存在を抹殺する手段だ！」などと非難を浴びている。

表現はいろいろだが、死刑が確定後も「面会や手紙のやりとりを死刑囚としたい！」ということが本心のようだ。

また、「死刑囚がかわいそう」「死刑囚は国家権力によって命を奪われる弱き者」という気持ちで接する支援者は確かに死刑囚の心を乱している。

犯罪に対する反省も被害者と遺族に対する謝罪の気持ちも持たないまま、反国家権力闘争の英雄に、あるいは、人権活動の先鋒に祭りあげられる死刑囚がいるのである。

ただ冤罪《えんざい》（無実なのに犯人にされること）死刑囚――私はいると確信している――については、外部の支援は絶対に必要である。証拠集めも、検察側の証拠崩しも、囚《とら》われていては何もできない。

拘置所長の良識とバランス感覚、人権意識に問題がなければ、ケース・バイ・ケースで外部交通の相手の範囲拡大など適切な判断が下されることもあろう。しかし、現実はというと、原則主義でなかなかケース・バイ・ケースを認めたがらない。八方塞《ふさ》がりの冤罪死刑囚は本当に気の毒である。

……………………………………………

死刑囚Yの日記

Yは死刑執行前日まで日記をつけていた。

達観した境地にありながらも、恐怖におびえ、どこから情報を得たのか、執行予定日と思い込んでいた日が過ぎると安心し、正月の準備をはじめた様子が手にとるようにわかる。

以下、表記は原文のままであることをご了承願いたい。

………

12月9日（日曜日）晴

今日は敬愛するHさんのお誕生日だ。主のご加護に守られて、よき信仰生活を送られることを願っています。

『マーキュリー・ライジング』というブルース・ウィリス主演の洋画のTV視聴が始まったが、この洋画は半年ばかり前に観せてもらったものだったので、当直の職員さんに指導担当に電話をいれてもらい、『SPACE・COWBOYS』という洋画に変えてもらった。

この洋画は、僕が子どものころに観ていた西部劇によく出演していたクリント・イーストウッドが主演だった。渋さは昔のままだ。

午後からはまた聖堂の絵描き作業を続けた。

3回目の恩赦申請に対して、委任状を弁護士先生に送ってあるとはいえ来週中には死刑執行があるとのことなので、どうも不安を感じ、絵を描いていても、この絵が最後になるのではないかと、焦《あせ》りを感じる。

いつ執行されてもと、覚悟はできているとはいえ、やはり不安である。

12月10日（月）晴

絵5枚特別領置《りょうち》　ノート5冊領置願い

（著者注・領置とは国が物品を保管すること。死刑囚の場合は処刑後、遺体の交付と同時に本人の金品はすべて遺族に交付される）

今日もまた聖堂の絵を描き続けた。明日からは詩人のAさんの似顔絵を描く予定でいるけど、12月13日か14日のどちらかの日に、死刑の執行があるかもしれない。僕が執行されることでもあれば、Aさんの似顔絵は描けずじまいになってしまうかも知れない。

白3品（敷布、襟布、枕カバー）を新品と交換してもらえた。よくノリが利いて綺麗に晒《さら》してあるので気持ちが良い。

小さな奉仕の会（著者注・慈善団体――毎年、全国の死刑囚に菓子を恵与してくれる）から、お菓子の詰め合わせが指導担当の統括さんから渡してもらえた。

去年は12日にもらえたけど、今年は10日とはえらく早いんだね？　と言ったら、この場に一緒にいた主任さんとか指導担当の職員さんから「よく日にちまで覚えているなあ」と驚かれた様子で言われた。

統括さんへ「今年はビールが一本つけてもらえるということらしいけど、統括さんのおごりですか？」と冗談で言ったら、「給料が安いからなあ」と言って笑われていた。

今年のお菓子は、明治板チョコ、ようかん2個、カステラ1個、三色飴、かりんとう、まんじゅう2個、柿の種2袋。

今年の死刑執行に僕が含まれていないという確信が得られていれば、ゆっくりと食べさせてもらうけれど、よくわからないので、12月13日の朝まで平らげなければ、せっかくのお菓子も味気無いものになってしまう。

どちらにしても、小さな奉仕会の皆様のご親切に感謝。

12月11日（火）晴

12月13日には、死刑執行があるかも知れない。その中に僕が含まれないとは限らないので、万一のことを考えて親族とか友人、知人、弁護士さん宛の遺書を新たに書きはじめた。明日までに書き上げて、12月13日当日の朝の願い事で弁護士先生に発信する考えでいる。

集会室で茶会が開かれた。今日はK先生が指導にきてくださり、そして白山が描かれた水墨画の茶掛けをご披露していただけた。名画だけあって、神の息吹を感じた。

K先生から「今何才になりますか？」とお尋ねがあったので「今年で51才になりました」と答えたら「51才でこれだけスムースに扱える人はそういませんよ」と言って下さった。

茶会に出席されている職員さんからも「抹茶がおいしい」と言って喜んでいただけるので張り合いがある。

今日もおいしい抹茶をいただき、そしておやつとしてパン2個がいただけた。

12月12日（水）晴

今日もいろいろなことを考えながら遺書を書き続けた。僕が予想しているように、明日（12月13日）死刑の執行が僕にあったとしたら、数人の友人とご遺族宛ての遺書が書けずに終わってしまうことになる。そんなことにならないようにただ祈るばかりだ。

こんな不安な日々を過ごさなければならないのも、自分が大罪を犯した故とはいえ嫌なものだ。

12月13日（木）雨

今日は心配していた死刑執行がなかったので、どんなにホッとしたか知れない。しかし、これで完全に年内に執行がないとは言えないので、暫くは不安な日々が続きそうだ。本当に確定死刑囚という者は、毎日プレッシャーをかけられるので生きた心地がしない。これも罪を犯した報いだから仕方ない。

ご遺族宛ての遺書も今日でやっと書き上げる事ができたので、これで一つ安心できた。

12月14日（金）晴

今日も「死刑執行」を意識しつつ不安な朝を迎えた。10時を過ぎたころには、これで今日の死刑はないと思って、少し安心することができた。

12月15日（土）曇一時小雨
今日はまたアイルトン・セナの似顔絵を描いた。いつの日にか開いてもらえる絵画展でどなたかに買い取っていただけることになると思うので、心を込めて描かせてもらった。
絵を買いとっていただいた代金は、僕の死後にご遺族への償い代として使ってもらう考えでいるので、少しでも高く買い取っていただけるよう丁寧に描くようにしている。

12月16日（日）晴のち曇
『アンブレイカブル』というブルース・ウィリス主演の洋画のＴＶ視聴。
午後からは姉宛ての手紙を書き、10月15日から11月17日までの分の日記を送る準備をした。

12月17日（月）晴のち曇
最近というか11月に入ったとたんに、みそ汁の具が全く入っていなかったり、入っていてもワカメとか油アゲがひと切れある程度だけになっている。また生卵も全く出なくなっている。

今日から初挑戦の白熊を書きはじめた。

12月18日（火）晴

今日も白熊の絵を書いて過ごしたけど、バックをペン画風に描いてみたら、それまで生きていた熊が、まるで死んでしまったようになってしまったのでガッカリ。また初めから描き直すことになった。

午後からはB先生と母宛てに手紙を書き、この一年間お世話になったお礼を書いた。

12月19日（水）晴

僕の髪の毛は一年近く理髪に行っていないので、かなり伸びている。たまに行き会う職員さんからは「えらい長く伸ばしてどうした〜」と言われたり、「マフラー代わりにしているのか？」とか、中には「よう似合って格好いいじゃないか」と言ってくれる人もいる。

隣の人は、過去に医療刑務所に服役していた人とのことで、部屋の中でもやっぱり、やることなすこと、ちょっとおかしいことが多い。ま、病気なら少しの物音は我慢するようにしている。

今日も白熊の絵を描いていたが、少しずつ熊らしくなってきて思わずニッコリ。

12月20日（木）晴

N牧師さんが、クリスマスの正餐式にきて下さった。イースターのときは、当所から葡萄酒の使用を禁止されたので、グレープジュースで行われたが、今日のクリスマス正餐式ではアルコール分のない葡萄酒を使っておこなっていただけた。牧師さんがわざわざアルコール分抜きの葡萄酒を探してきて下さったようだ。

牧師さんとは、今年もこうして無事にクリスマスが迎えられたということは、また新たな償いの時間が与えられていただけたということなので、この貴重な時間を無駄にしないように少しでもご遺族に喜んでいただけるような償いをしたいと、自分の気持ちを語った。

牧師さんには、今年一年ご指導していただけたお礼を述べ、ご縁があったらまた来年も良きお導きとご指導がしていただけるように挨拶した。

12月21日（金）曇のち雨

3カ月の定期転室が行われた。今回は西南端から東北端の部屋に転室となった。この部屋は八階にある57室の中で一番落ち着いて生活できる部屋だ。

弁護士先生から、三回目の恩赦申請の件についての手紙が届いた。先生にはお忙しい中、ほんとうにありがとうございます。

12月22日（土）晴

昨日の朝食から、やっとみそ汁に2種類の具が入れられるようになった。２カ月近くも、ほとんど具が入れられてなかった理由はなんだろう？

（著者注・食料の予算は人員×単価で一会計年度〔四月〜翌年三月〕で調整している。前半で使い過ぎたのを調整したのか、あるいは正月料理に回すために節約したのだろう）

今日は「光あれ」の絵を描いて過ごした。この絵中に描いている神の表情を変えてみたら、ずいぶん絵のイメージが変わった。

12月23日（日）

朝食中は、ＮＨＫラジオ『音楽の泉』番組で、クリスマスに関係するバッハの曲を聴きながら、みそ汁をすすった。

今日は「天皇誕生日」であり祝日となり、午前10時には、紅茶とショートケーキの給与があった。毎年この日しか食べられないので、ペロペロなめながらよく味わいつついただいた。

『フローレス』という洋画のＴＶ視聴。

午後は午睡せずに昨日から描きはじめた「光あれ」の絵を書き上げた。

12月24日（月）晴

待ちに待ったクリスマス・イブ。ラジオ放送ではクリスマスに関する音楽ばかり流されたり、プレゼントは何をあげるか、何を買うかと、どうでもいいことばかりを話し、イエス様の降誕祭にまつわる話は誰ひとりとしてしなかった。過去の僕がそうであったように、皆で騒げばそれでいいくらいにしか思ってないのだろう。

夕食には例年通り、パンと鶏もも肉の給与。今年もまた多くの鶏たちが殺されたわけだけど、人はその生命をいただいて、それで自分たちの生命を維持しているのだから、それらの命に感謝の念を持ちたいものだ。

午後7時ころにはMAさんがキャロリングにきて下さると思って、窓を開けて耳をすましていたが、ラジオと車の騒音に遮られて何も聞えずガッカリ！　しかし、9時30分頃には、当所のすぐ近くにある聖マルコ教会の聖歌隊の皆様がキャロリングにきて下さった。この時間帯はすでにラジオ放送も終了しているので、素晴らしい歌声が聞えてきた。

イエス様のご降誕祭を共に共有しようと、毎年こうして寒空の中で僕たちへの愛の歌声を届けて下さる聖マルコ教会の兄弟・姉妹と、離れたところで僕たちのことを覚えてお祈りして下さっている父母・兄弟姉妹の皆様には、心からお礼を申し上げたい。

12月25日（火）晴のち曇

今日は3件目の被害者Sさんのご命日に当たるので、取り返しのつかない惨《むご》いことをして、尊い命を奪った罪をお詫びし、最善を尽くして罪の償《つぐな》いをさせていただくことを祈った。

弁護士先生宛ての手紙（著者注・恩赦請求に関する返事）を書き、午後一番で発信した。

姉が面会にきてくれた。当日の面会人数は、姉で二〇三番目だった。えらく混んでいたようだ。そんな中面会にきてくれてありがたいばかり。

12月26日（水）晴

衣類領置

特別官本7冊の貸与願い（著者注・お正月用の本の貸与願い）

戸外運動から帰った後に、部屋のカレンダーの貼り替えが行われた。今期（二〇〇二年一月〜六月）のカレンダーは、山をバックに花を咲かせた梅林が写された風景が印刷されている。

姉宛ての年内最後の手紙を書いた。今年一年よく面倒をみてもらえたお礼も書いた。

シスター理恵子が送ってくれた本、「青春と読書」、「本の窓」等3冊の交付。これらの冊子が交付してもらえたことによって、正月休みは多少なりとも息抜きできそうだ。


……………

日記はここで終わっている。

二〇〇一年十二月二十七日、死刑執行

二〇〇一年十二月二十七日午前九時、Yは処刑された。

午前八時過ぎ、執行関係職員は一斉配置についた。Yを居室から連れ出したのはAである。もちろん処刑場に行くとは言っていない。

しかし、Yは開扉の瞬間顔色を変えた。直感したはずである。だが、感情を強靭な精神力、いや信仰の力で押し殺した。

正月を迎えることができると思っていたYにとっては思いもよらぬ刑の執行言い渡しだったが、取り乱さなかった。覚悟をしているというYの言葉どおり、静かに刑壇に上がり踏み板の上に立ったのである。

ロープが首に巻かれたとき、もう一度感謝と別れの言葉が述べられた。

Yは早くから被害者の遺族に謝罪の手紙を書き続けた。しかし、なかなか封は開かれなかった。当たり前である。わが子や兄弟を殺された被害者遺族が犯人の手紙など開けるわけがない。犯人の筆跡を見るのさえ心が痛むのだ。

ところが奇跡は起こった。

何がそうさせたのか、ある日、勇気あるひとりの遺族がYの手紙の封を切った。弟を殺されたXさんである。

XさんとYは被害者遺族と加害者という関係にありながら人生の悲しみを分かち合う交流をはじめたのだった。

Xさんは、

「Yを死刑にしても何も解決しません。私たち犯罪被害者遺族と同じように、Yの家族が遺族になる。悲しみに震《ふる》える人間をまたつくるだけです。どうか死刑にはしないでください」

とYの死刑には反対の証言をした。

しかし司法の判断は死刑。くつがえることはなかったのである。ただ裁判官の頭の中には、刑を執行する行刑《ぎょうけい》の段階で、執行の停止とか恩赦という制度を利用すればいいと考えたに違いない。

無視された被害者遺族の声

Yの死刑が確定した後もXさんは、犯罪被害者遺族という立場で公の場において死刑制度廃止の提言を行うようになった。

法務大臣にもYを死刑にはしないで欲しいと陳情した。

一方、Xさんを取り込んだ死刑廃止を唱える運動家たちの活動は、国内だけでなく遠くヨーロッパにも及んだ。つまるところは外圧をもって日本政府に圧力を掛けようとしたのだ。

ところが、世の中そんなに甘いものでも、統治体系に一本筋が通っているわけでもない。政府の姿勢や意見などというのは役人個人のものなのだ。

例えば国会の大臣答弁。あれも元は各省庁の事務官がひとりで書いたものである。

外務省には国際社会に対するメンツがあるかもしれないが、法務省にはそんなものはない。検察だけがわが国の治安と秩序を守れるのだ！　と自負する刑事局の官僚たちは死刑廃止運動が目障《めざわ》りで仕方がない。

いやいや、ますますファイトを燃え上がらせるといったほうが適切かも知れない。

「騒ぐなら騒げ、こっちにも考えがある」

死刑廃止運動が活発になればなるほど、時期を合わせてタイムリーな見せしめ的執行を繰り返している。

私に言わせれば、「外圧を使え！」と勝算もなく動き回った死刑廃止の市民グループと死刑廃止議員連盟の動きこそがYの死を早めたのである。

後で述べるが二〇〇二年九月十八日の執行もしかりであった。

Yの場合、じっくり世論を盛り上げて、恩赦に全力を投じればよかったのだ。

死刑囚が置かれている立場は八方塞がり

そもそも死刑囚の置かれている立場を考えてみて欲しい。

まずは再審。

裁判所が再審請求を簡単に認めるわけがない。なにしろ自分たちの師と仰ぐ先輩たちが下した判決なのだから、少なくとも先輩が生きている限りは「間違いでした」とは言わないだろう。

次に恩赦。

恩赦は中央更生保護審査会が決めるものだが、審査会は法務省の中にある。そこを牛耳っているのは検事の大御所である。

一九七〇年以降は、拘置している死刑囚について、拘置所長が職権によって恩赦を申請したためしがない。そんなことをすれば検察に盾突いたとみなされる。なぜなら、法務省内部部局のトップはすべて、死刑を求刑し、執行を上申する側の検察官で占められているからである。

彼らは所長ら上級幹部の人事権を握っているのだ。たとえ、出世を棒に振って恩赦申請をしても、その死刑囚の死期を早めるだけだというのは皆知っている。それだけ、法務省という役所は特別なのである。

国会議員が検察に強硬な態度に出たならば、仕返しを覚悟しなければならない。選挙の際に検察が本腰を入れて目を光らせれば、公職選挙法違反という罪名で大概の議員には手錠を掛けることができる。

さて、話を元に戻そう。

本人申請の個別恩赦は、言葉は悪いがまともに調査をしているか疑わしい。大弁護団が作られていたとしても、恩赦は所詮は「ありがたく恩をいただくもの」。却下に理由はいらない。

しまいは執行現場。

「死刑を執行せよ!」という法務大臣の命令に刑務官は絶対に背けない。法律で規定された職務行為なのだから、背けば即刻首である。それだけではない。死刑囚を狂わせても病気にさせてもおとがめがある。

拘置所職員の死刑囚処遇の鉄則は、いつなんどき処刑の命令がきても処刑できる死刑囚の心身の状況を維持しておかなければならないということなのである。

Yの場合は拘置期間が約二十年。裁判初期の段階に弁護士から差し入れられた一冊の聖書と出会い、生まれ変わろうと努力し、やがて一般のクリスチャンだけでなく、神父やシスターも驚くほどの人間になった男である。長い間起居をともにしている刑務官は、Yに対して家族的なきわめて親密な感情を持ったとしても不思議ではない。いや同じ罪深い人間としては親しい感情を持つほうが自然なのだ。

親しい人間に縄を掛けて命を奪うことの悲しさ、惨めさは、社会で「死刑囚がかわいそう！」といっている、いわば手を汚さずきれいなところだけしか知らない人たちにはとうてい理解できないものである。

Yは二、三年で次々とかわる所長ら幹部に、処遇面で非情な仕打ちを受けたこともある。彼らに対しては不満も言いたいことも沢山あっただろうが、副看守長以下の職員には心から感謝の気持ちを抱き謝意を述べていた。

死刑の執行に関わった職員にとって、Yの最期の姿がせめてもの救いだった。

もし「殺さないでくれ！」と叫び、暴れられていたら、執行職員はさらに深い心の傷を負っていただろう。

第二章　これが現在の処刑だ

超極秘事項としての死刑執行

死んではじめて刑が完了する

死刑囚処遇の変わりよう

一九七〇年代半ばまでは、死刑囚処遇は各拘置所長の裁量にすべて任され、それぞれ独自の処遇を行っていた。

死刑囚が多い拘置所では集団処遇をして、茶道、華道などの情操教育をし、運動時間には広いグラウンドに出してソフトボールなどの球技をさせていたところもある。

執行の言い渡しは二日前、または前日に行い、親族に通知してたっぷり時間をとった最後の面会を行わせた。面会の場所は仕切りのない応接室。母と子の二十数年振りの抱擁を見て、そこに立ち会った指導課長らが涙したものである。

物心両面で戦争の傷跡が残り、空腹を満たすためなど貧困が原因の犯罪が多かった時代は人の心はきれいで潔《いさぎよ》かったといえよう。

拘置所と外部の者との死刑執行をめぐるトラブルはめったに起こらなかった。死刑囚とその家族、拘置所長をはじめとする職員たちも、生と死の間で悲しみに揺れながら命の尊厳を深く理解していたのである。

死刑囚の自殺

ある日、処刑を翌日にひかえた死刑囚がマン・ツー・マンの刑務官の監視を受けていながら、ふとんの中で首に布を巻き付けて自殺してしまった。

同僚の死刑囚らに達観した境地での立派な別れを告げた男は、

「眠れるかどうかわかりませんが、最後にいい夢を見たいと思います。おやすみなさい」と、礼儀正しく監視に当たっていた刑務官にあいさつをして布団にもぐった。

まさかの自殺は刑務官も気付かないほど静かな死だった。

死刑囚は絞首刑《こうしゅけい》で殺さねばならない。自殺されて刑の執行が不能になってしまったのだから大騒ぎになった。

法務省からも検察庁からも強いお叱りを受けた拘置所長と部課長は、出世街道から大きくはずれてしまった。

当然のことながら、死刑執行の告知時期が悪い！　ということになった。

失敗は許されない

当たり前のことだが、死刑は死んではじめて刑の執行が完了する。どんな状況にあっても絞首して殺さなければ死刑にならないのだ。

暴れようが、気を失おうが、なんとしてでも踏み板の上に立たせ、首にロープを掛けなければならない。

死刑囚の集団処遇はなくなり、刑執行の事前告知もしなくなった。もちろん家族らとの最後の面会も取り止められている。

現在の死刑執行は「超極秘事項」扱いなのである。

処刑後、遺族になってしまった家族に通知する。

「本日刑が執行されました。遺体をお引き取りに来所をお願いいたします」

ここで、重複になるところもあるが、日本の死刑をおさらいしておきたい。以下は、映画『13階段』(山崎努、反町隆史主演)のパンフレットに寄稿したものの一部抜粋に加筆したものである。

....

●日本の受刑者人口

日本の受刑者人口は約六万五千人(二〇〇五年十二月三十一日現在)。彼らのほとんどは懲役受刑者として高い塀で囲まれた刑務所の中で服役している。死刑囚の数は八十二人（二〇〇六年三月一日現在）。その中には女性も四人いるが、かれらは拘置所に拘置されたまま、そこでひっそりと刑が執行される日を待っている。

わが国の刑罰は死刑、懲役《ちょうえき》、禁錮《きんこ》、拘留《こうりゅう》、罰金《ばっきん》、科料《かりょう》の六種類。この中で死刑だけは法務大臣の命令によって行っている。いったん執行してしまえば取り返しがつかないので慎重の上にも慎重を期しているということなのだ。

死刑執行命令は法務省刑事局で起案される。関係部局のチェックを経て、大臣官房から事務次官、副大臣、法務大臣と決裁が回される。

大臣の執行命令は高等検察庁を経由して死刑場のある施設長に届けられる。

死刑場は高等裁判所所在地（高松を除く）の拘置所又は刑務所に設けられている。執行の任に当たるのは刑務官で、処刑の方法は絞首刑。検事と所長が立ち会い、拘置所又は刑務所の医師が死亡を確認する。

●死刑囚と宗教

死刑囚の多くは、自ら希望して宗教家の力を借り死を迎える準備をする。拘置所は仏教とキリスト教の各宗派から僧侶、神父の派遣を受け、毎月一回一時間余り、特別な部屋で教誨《きょうかい》（面接指導）をお願いしている。まさに継続は力なり。死刑囚の宗教心は向上し、心豊かになっていくのが手にとるようにわかる。所長は処刑の際、教誨師に立ち会いを求める。

●刑務官と死刑

「死刑を執行せよ！」という法務大臣の命令を受けた所長は執行官を任命する。刑務官はこの命令を拒否することはできない。

法律で規定された職務行為なのだから、背けば即刻クビを申し渡されても文句を言えないのだ。

死刑囚が拘置所に入所してから処刑されるまでの期間は十五年から二十年と長い。その間、刑務官は死刑囚に対して矯正させようと努力をする。死んで償《つぐな》えるものではないからである。命を奪った被害者のためにも真人間になって死んでもらいたい。できるなら天国に行って欲しいと思っている。

衝撃の処刑場面

劇画・死刑執行

ビデオもカメラも入れない死刑執行の現場を劇画でお見せしよう。死刑の執行を何度も経験した元刑務官の脳裏に焼き付いていた映像を元に再現したフィクションで、初めて公開される現在の死刑執行の様子である。

少年死刑囚・大地平和、処刑の瞬間《とき》

大地《だいち》平和《へいわ》は十年前の大晦日、年末年始の休暇を貸別荘で過ごしていた三十六歳の公務員一家四人を惨殺した殺人犯だった。公務員の妻を強姦し、犯行後現金を奪ったので罪名は強盗強姦殺人。

十八歳になったばかりの犯行で死刑の判決は重すぎるという声も一部にはあったが、高裁、最高裁とも一審の死刑を支持し死刑が確定した。

拘置期間は約十年。刑が確定した年は独房の設備を壊したり刑務官に暴行を加えるなど荒れに荒れた。その後も三年余り、規則には服さず、「処刑のときは道連れにしてやる！」などと刑務官に暴行、暴言を繰り返していた。

　平和が現実を認め、死を受け入れようとしたのは二十五歳になってからだった。舎房担当の指導で時代小説を読みはじめ仏教に興味を持ったのである。教誨師（僧侶）の教えを熱心に聞き、やがて被害者に対する謝罪と償いを心から考えるようになった。

「いつ処刑をされてもいいように心の準備はできています。ただ、何をもって償えばいいのかわからないのです。どうか教えてください」

　毎夜、手を合わせる平和だった。

　死刑囚舎房に死刑囚は十五人。死刑確定順では平和は六番目。今までは古い者からほぼ順番どおりの執行だった。


平和は悩みや相談ごとがあると、いつも主任に聞いてもらっていた。刑務官の中では最も尊敬するその主任が窓の外に立っている。

〈いつもは笑顔で声を掛けてくれるのだが……〉

大地平和　二十八歳　死刑囚
午前九時　主任が窓から声をかけた
出房だ……
ドキッ
ガチャガチャッ
な、なんですか?
いや、事務所だよ
ここで大声を上げられては大変だ! 気付かずに舎房を出てくれ……
どこへ行くんだ?
渡り廊下
こっちだ
なんでだ! 方向がちがうじゃないか!?

カッ
カッ
カッ
カツ
カッ
カツ
……。
……。
ウソダ……
ウソダ……
ヤメテクレ!!

ギギィッ
表示のない部屋の
鉄扉が開けられた
そこは!!

冷たい風が平和の頬に——
平和の目にはぶ厚いカーテンの
向こうにある地下室は見えていない
何なんだ!
ここは…
刑務官に押されて
前へ前へ進んでゆく

ゾッ!!
どん

これが死刑囚か？
とても極悪人には見えないな……。
達観した境地にあるのか……若いのに立派だ
総務部長
僧侶
処遇部長
検事
一〇〇〇番、
大地平和君。
残念だが法務大臣から
刑の執行命令がきた。
……お別れだ。
所長
首席
南無阿
ぶるぶる
最期にお母さんに
何か書いて
あげなさい。
ガタ
ガタ
ガタ

さあ立ちなさい
ぱっ
目隠し
うわっ
カシャッ
カシャ
手錠をかける

〈目隠しされた死刑囚・大地平和の視界……〉

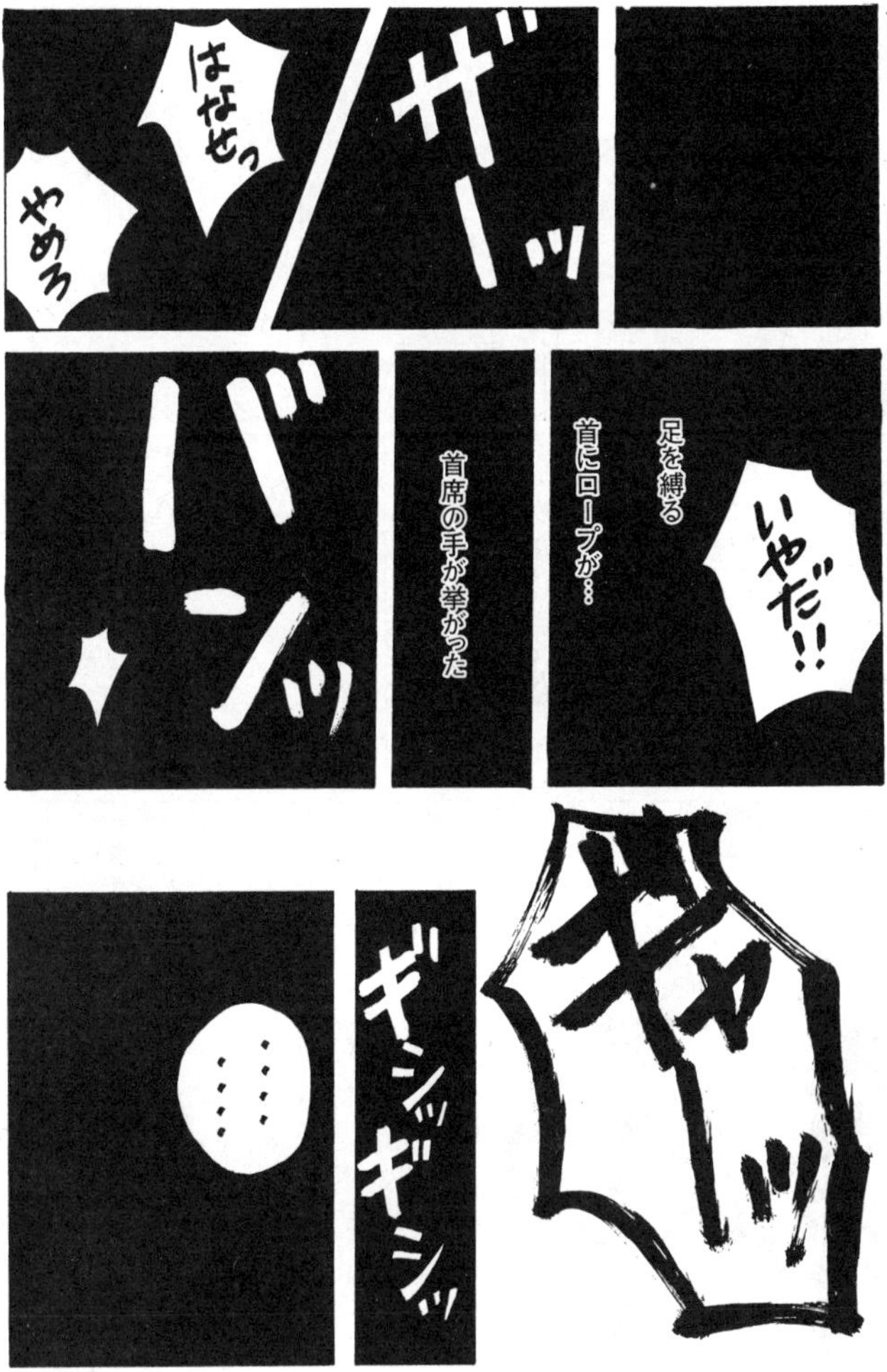
ザーッ
はなせっ
やめろ
いやだ!!
足を縛る
首にロープが…
首席の手が挙がった
バーンッ
ギャッ
ギシッギシッ
……
……

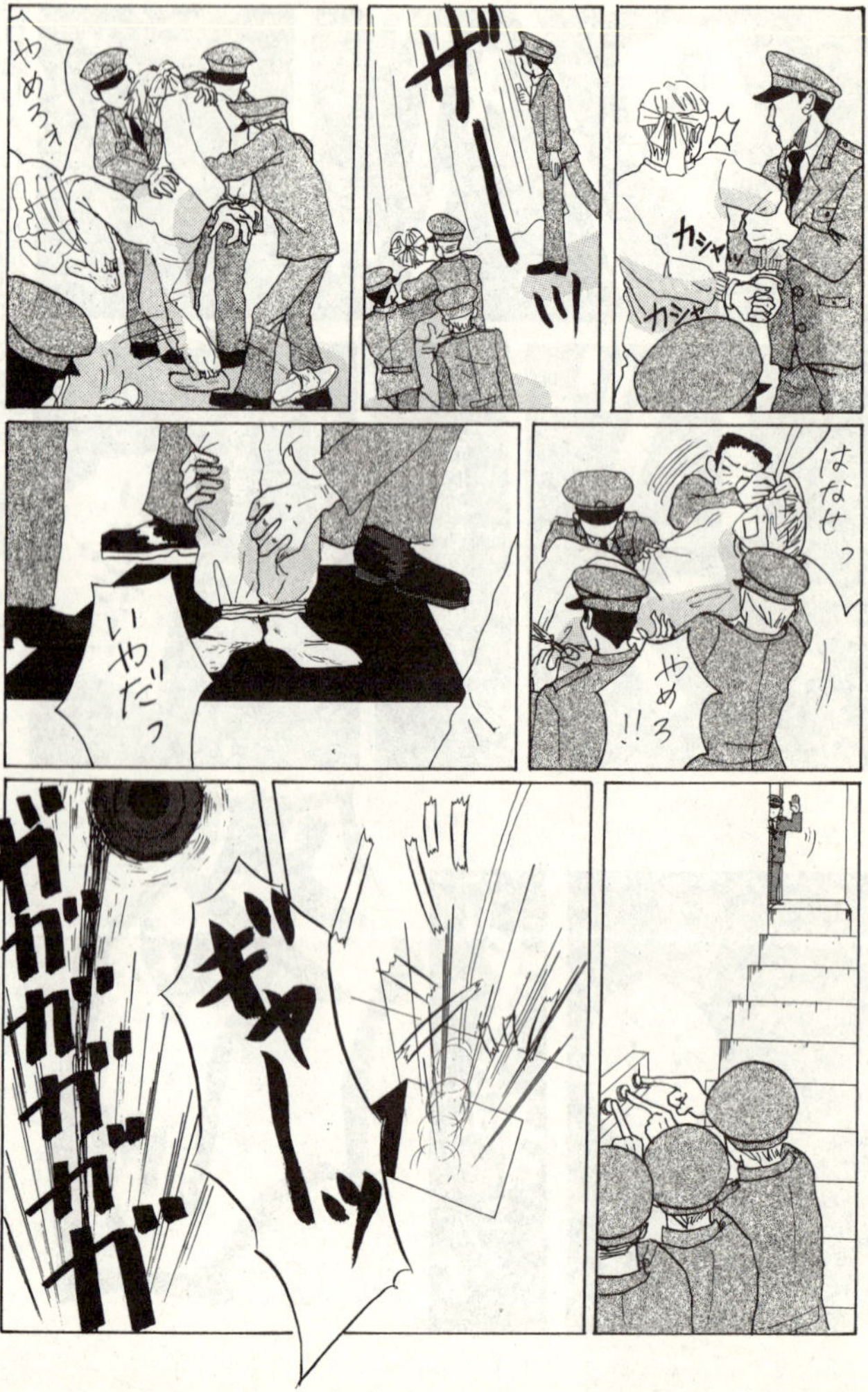

〈大地平和を処刑する刑務官の視界……〉

パーン
サッ
サッ
サッ
ぶらん
ぶらん

早く止めろ！
体を傷つけちゃいかん!!
医官
検視
このあと棺は、刑務官の手によって遺体安置室に運ばれる……

第三章　拘置所の日常と死刑囚の生活

殺すために生かす不条理
刑務官と死刑囚、その知られざる日常

拘置所勤務の実態

刑務官の勤務条件は、幹部とその他の職員ではずいぶん違う。別に掲げた組織図（88、89Ｐ）を参照してほしい。課長補佐・統括以上を幹部、係長・主任を中間監督者、その他を一般職員と分けて考えてみたい。

◆転勤

幹部は二、三年で全国区での転勤がある。

中間監督者は管内で転勤する可能性があるが、十年に一回といった程度でめったにない。一般職員は原則として本支所間の異動以外には転勤はない。

◆官舎への入居

幹部は必ず入居しなければならない。

その他の職員は自宅通勤もＯＫである。

◆特殊勤務手当の給与

死刑の執行に従事した職員にはわずかだが特殊勤務手当が支給される。

幹部職員は不支給。

その他の職員は一回につき五人以内に支給。人事院規則では五人でやれということらしいが、そんなに少人数で簡単にできるものではない。

◆一般の受刑者と区別のつかない死刑囚の素顔

死刑場のない刑務所で勤務している刑務官は死刑とは全く縁がない。転勤のない一般職員には死刑は他人《ひと》ごとで、死刑執行に当たる職員の気持ちなど考えたこともないだろう。

むしろ、

「死刑囚がどれだけ悪いのか、見当もつかないですよ」

といった偏見すら持っている者がいる。

目の前にいる受刑者たちの中には、質の悪い処遇困難者や根っからのひねくれ者、陰険で悪質な素行を繰り返す者がいて、何度も煮え湯を飲まされている。だから、

「極刑を宣告された死刑囚はこいつら以上に悪いはずだ！」

と思ってしまうのだ。

私も刑務官人生を刑務所でスタートしたから、実際に死刑囚に接するまでは、彼らが懲役受刑者とは全く異なるタイプだと思っていた。

ところがびっくり！　特別変わっているところなど感じられない。未決拘禁者の処遇を受けている一般の被告人も、死刑囚同様、私服を着て独房に入っている。

「これは死刑囚です」

と舎房担当から耳打ちされなければ、死刑囚とはわからない。サラリーマンだと言われれば納得してしまうようなごく普通の男たちであった。


逃がすな、自殺させるな、証拠隠滅を阻止せよ！

拘置所で勤務する刑務官に課せられる仕事で何を置いても忘れてはならないのが、
①逃がすな！
②自殺させるな！
③証拠の隠滅を防止しろ！

管区別施設数

管区＼区分	拘置所		刑務所		計
	本所	支所	本所	支所	
札　幌	0	7	7	1	15
仙　台	0	19	6	1	26
東　京	1	26	16		43
名古屋	1	10	8	1	20
大　阪	3	12	9		24
広　島	1	11	6	1	19
高　松	0	5	4	1	10
福　岡	1	20	11	1	33
計	7	110	67	6	190

である。拘置所は裁判を公平かつ厳正に行わせるために被告人を収容するところだから、どうしても警備と保安が中心になる。

①②は巡回の励行と機械設備（監視カメラ、異常音などのセンサー）で防ぎ、③は窓越しの会話（通声《つうせい》という規律違反）を厳禁。伝言や密書を舎房雑役（食事を配ったり、清掃、雑用などをする受刑者）や、他の被告人に依頼する不正連絡を取り締まる。暗号を使った手紙、差入れ品にしのばせた密書など、あの手この手の工作を「手紙の検閲」「差入れ品の検査」によって防ぐ努力をする。

拘置所は、受刑者の更生をうながすために積極的な取り組みをする刑務所とは雰囲気が全く違う。

刑務所から転勤してしばらくは物足り

東京拘置所組織図

- 所長
  - 総務部長
    - 庶務課長—課長補佐—係長（3）——一般職員（22）
    - 会計課長—課長補佐—係長（4）——一般職員（36）
    - 用度課長—課長補佐—係長（3）——一般職員（29）
      - 専門官（10）
    - 調査官
  - 処遇部長
    - 〈処遇部門〉首席矯正処遇官
      - 次席矯正処遇官
      - 統括矯正処遇官（11）
        - 主任矯正処遇官（35）——一般職員（498）
    - 〈指導部門〉首席矯正処遇官
      - 統括矯正処遇官（指導担当）
        - 主任矯正処遇官——一般職員（8）
      - 統括矯正処遇官（教育担当）
        - 主任矯正処遇官（2）——一般職員（9）
  - 分類部長—首席矯正処遇官
    - 統括矯正処遇官（考査担当）——一般職員（3）
      - 専門官（2）
    - 統括矯正処遇官（保護担当）
      - 主任矯正処遇官——一般職員（2）
  - 医務部長
    - 保健課長—課長補佐—係長—看護師（11）
    - 医療第一課長—医師（3）
      - 看護師（5）
      - 薬剤師（2）
      - 衛生検査技師
    - 医療第二課長—医師（4）
      - 看護師（4）
      - 診療放射線技師（2）

平成17年4月1日現在　＊カッコ内の数字は人員。カッコのないところは1人

名古屋拘置所組織図

- 所長
  - 総務部長
    - 庶務課長 ― 係長（2）― 一般職員（8）
    - 会計課長 ― 係長（2）― 一般職員（14）
    - 用度課長 ― 係長 ― 一般職員（9）
    - 専門官（2）
    - 調査官
  - 処遇部長
    - 〈処遇部門〉
      - 首席矯正処遇官
        - 統括矯正処遇官（3）
          - 主任矯正処遇官（10）― 一般職員（110）
    - 〈企画部門〉
      - 首席矯正処遇官
        - 統括矯正処遇官（指導担当）
          - 主任矯正処遇官 ― 一般職員（3）
        - 統括矯正処遇官（分類担当）
          - 主任矯正処遇官（2）― 一般職員（2）
          - 専門官
  - 医務課長 ― 医師（2）
    - 看護師（3）
    - 薬剤師
    - 診療放射線技師

平成17年4月1日現在

＊カッコ内の数字は人員。カッコのないところは1人

各課・各部門の所管事項

庶務課	文書、刑期計算、外国人登録、入出所事務、移送調整など
会計課	経理、領置金品の保管出納、差し入れなど
用度課	食料、収容用品、予算執行、営繕、建築、建物保守など
処遇部門	処遇、出廷、警備、面会、書信、作業の実施など
指導部門	刑務作業の企画、教育、レクリエーション、慰問、宗教教誨など
分類部	収容分類、分類調査、仮釈放、保護調整など
医務部	保健、衛生、健康診断、医療、防疫など

ない思いをしたのだが、「死刑囚」の存在によって、そんな呑気《のんき》なことはいっていられなくなった。

死刑を求刑された被告人の傍若無人

死刑事件をあつかう裁判所は本庁と地方都市の支部である。だから死刑求刑をされる凶悪事件の犯人がいるのは大きな拘置所だけではない。

職員数二十人前後の拘置支所にも、新聞やテレビの事件報道で有名になった被告人がいる。凶悪事件の犯人はマスコミの関心も高く、不思議なことに弁護士もあっという間につく。まともに報酬なんかもらえなくてもいいらしい。

「弁護をしてあげましょう」

と、頼みもしないのに、弁護士が会いにくる。

〈俺の弁護をしたいのか!?〉

と凶悪犯。

〈よし、それならさせてやろうじゃねえか〉

まるで我が物顔に大きな態度をとりはじめるのである。

社会の関心が高い凶悪事件の弁護人をすれば有名になると思ってのことだろうか？

被告人は弁護士の腹の中を先刻承知なのだ。

「不幸な身の上の私に、救いの手を差し延べていただきありがとうございました」

などと思っている被告人はまずいない。

とんでもない悪事を働いてきた連中は、我が身の置かれている立場を逆に利用するしたたかな者が多い。

それに引き換え、新聞の片隅にも載らなかった事件の被告人の中には、札付きのいい加減な国選弁護人に当たり、言いたい事も言ってもらえず不利益をこうむっている気の毒な人間がいっぱいいる。

ボランティアでも弁護をするのなら、そっちにも回ってやって欲しい。

そんなわけで外部からの関心が高い被告人はいつのまにかエリート気取りになる。その思いは刑務官にも向けられる。小さな施設は組織力も弱いのでついつい、こうした被告人の言うなりになることが多い。

被害者やその遺族の方々には、やりたい放題、わがままいっぱいで暮らす拘置所の中の犯人を見せられない。

無念の思いをした方たちの感情を逆撫《さかな》でしてしまうからだ。

地方で一審の判決を受けた被告人が控訴すると、高等裁判所所在地（札幌、仙台、東京、名古屋、大阪、広島、高松、福岡）にある拘置所に送られる。

思わず首を見てしまう刑務官

死刑の判決を受けただけでは、まだ死刑囚とは言わない。死刑が確定するまでは単に被告人と言っている。

地裁で死刑判決を受け、高裁で控訴が棄却され、現在上告中という被告人がいる。上告棄却の可能性は限りなく一〇〇パーセントに近い。間違いなく死刑が確定するはずなのだが、彼を取り巻く緊張感は死刑囚には遠く及ばない。

私の経験だが、裁判が継続している被告人と言葉を交わすのは気が楽だった。冗談も言えたし、叱ることもできた。

裁判中だから一縷《いちる》の望みがある。その望みが被告人本人だけでなく刑務官の気持ちも楽にさせるのである。

ところが死刑囚はそうはいかない。

顔を見るのも気が重い。巡回をしていても、死刑囚がいる舎房に入る時には胸がつまる。彼らの房の前では無意識のうちにも足早になる。一刻も早く通り過ぎたいと思う気持ちがそうさせるのだろう。

〈向こうを向いてろ、こっちを見てるんじゃないぞ！〉

と心の中で願い、足音を立てないようにして歩く。

ともかく目を合わせたくない。話しはじめると長くなるし、会話中に目が首にいく。そう、ロープを掛ける首を見てしまうのだ。

研ぎ澄まされた死刑囚の五感

拘置所で勤務する幹部の仕事で最も重要なのが、所内の巡回。朝・昼・夕、不定期に巡回をする。めったに回らない深夜に巡回をすることもある。長く拘禁されていれば、足音でだれが来たのかわかるらしい。

二月のはじめ、月明りまでが凍るような寒い夜だった。午後九時の就寝時間には、各舎房ごとにメインスイッチを切り替え一斉に減灯する。独房の中は五ワットの照明。廊下は照明を切っている。

時刻は午後十一時を回っていた。

拘置所内の秩序が乱れているという、よくない噂があった。保釈で出所した被告人からも投書が届いた。

雑居○舎○階に牢名主のようなボスができ、看守を抱き込んでタバコに酒まで持ち込ませているという内容だった。

極秘の調査をはじめる前に、自分の目で確かめようと深夜登庁し、足音を忍ばせてこっそりと巡回をした。

雑居を回った後、ついでだからと深夜の独居も見てみようと回りはじめた。腕時計を見ると午前零時四十五分だった。

死刑囚がいる舎房に足を踏み入れた。スニーカーをはき、足音を立てないように細心の注意を払って歩く。シーンとした舎房では官服の衣擦れが気になるほどの音になる。手を振らず上体を極力動かさないようにして音を抑える。

舎房を十メートルも行くとまずいことになった。床がよく磨かれていて、合成樹脂の床材と私のスニーカーの底材が擦れ合いキュッキュッいう音が出るのだ。死刑囚に無用な動揺をさせそうだ。私は靴を脱ぎ靴下で歩いた。音はしない。

〈やれやれ……〉

ほっと胸を撫でおろした。

「うおっ！」

うめくような叫び声がしたかと思ったら、腕をつかまれた。

「ぎゃっ！」

心臓が止まるほどの恐怖だった。

まるで金属の器具ではさまれているようなものすごい力が腕に加わっているのだ。

窓から太い腕が出ていた。

「た、助けてくれ！　頼むよ、頼むよ！」

死刑囚・Ｋだった。うめくような叫び声が静かな舎房にこだました。

朝を迎える恐怖

Kは半年余り前に最古参の死刑囚になった。

毎日、毎日、執行の恐怖におびえながら朝を迎え、朝食にはほとんど手を付けていなかった。午前十時を過ぎると、

〈今日は殺されない〉

と安心するのだろう。菓子をほおばり、小机に向かう。ルビが振られた本を読み、ノートに漢字を書いたりして時間をつぶすのだった。

Kは深夜に巡回するはずがない幹部の私の足音を聞きつけて、明朝に死刑執行があると思ったのだろう。

半狂乱になっているKに何を言っても通じない。ましてや「私の巡回は執行とは関係がない」と言えば、執行を確信して暴れ出すかもしれない。

「K、わかった俺に任せておけ！　大丈夫だ」

私はKの腕をしっかりと握りかえした。

「ほ、本当か！」

Kの顔面は涙と鼻水でくしゃくしゃになっている。

「手を離せ、今約束を書いてやる」

私はKの頭に手を置いて、もむように撫でてやった。

「一生懸命勉強している間は、大丈夫なように頼んでやる。任せておけ……」

「本当か？　本当だな」

「ああ、安心して夜は寝るんだ。そうしないと昼間居眠りをする。居眠りしているところを見られたら勉強していないと思われる。困るのはおまえだろ？」

「ああ困る。わかった。寝るよ。だけど本当だな」

私は、刑務官手帳を開き、白紙の一枚にボールペンを走らせた。

Kにきょうからべんきょうさせる
　昭和〇〇年〇月〇日午前一時
　　　　　サイン

証文になる一枚を慎重に破り取ってKに手渡した。

「明日の朝、担当さんにこれを見せるんだ。いいな」

「………」

Kは小さな声で読んだ。たどたどしい読み方である。私はたまらなく悲しくなった。

気の毒な死刑囚

Kは無学で読み書きができず、知的障害と思える五十歳代の男だった。刑務所生活は通算で三十年。前刑は強盗殺人で無期懲役。その刑の仮釈放中に再び殺人を犯してしまった。

今回の判決謄本を読むと、実に不思議な事件だった。字も書けない、論理的にしゃべることもできないKのはずだが、調書も答弁も実にすっきりと理路整然と動機が述べられ、犯行後の心情が述べられていた。

Kを知る人が見れば、作られた調書であることは一目瞭然である。Kは警察でも検察庁でも言われるままに署名して指印を押したのだろう。

天涯孤独のKの命はあと一、二年である。

社会にいたのは、わずかな期間だが果たしていい思い出、あたたかい人の肌や温もりにふれた思い出があるのだろうか。

再犯受刑者が最後にたどり着いたのが死刑台！　刑務官にとってこれほどに悲しいことはない。

せめてもの願いは、Kに天国に行ってもらうこと。神に感謝しつつ安らかな気持ちで死刑台に上ってもらうことである。

深夜の巡回が縁で、私とKは仲良くなった。小学生の国語と算数から勉強をはじめたKは人が変わったように明るくなった。

本来ならば養護学校で勉強しなければならないことを、四十年も遅く、死を迎える直前に拘置所の独房でやっている。

喜びを顔一杯に表して笑い、大きな声で冗談も言えるようになった。

しかし、確実に日一日と死が迫ってきていたのである。

死刑囚の特別な処遇とは

死刑囚は特別な存在である。

被告人一万二千人、受刑者六万五千人、合わせて七万七千人に対する八十二人だから、全収容者をどこか広い場所に立たせた場合、遠くから見たときポツンとひとつの点になる。小さな存在といえるだろう。

法律では、死刑囚の処遇を被告人に準じるとなっているが、そんなに簡単に割り切れるものではない。生身の感情を持った人間を扱うのである。

被告人の生活は一言でいうなら無味乾燥。三食昼寝つきで楽でいいという人がいたら、その認識を改めてもらおう。

人間らしい生活とはいえないのだ。裁判をしている間は、少しでも刑を軽くしてもらおうと、考えたりやらなければならないこともある。

しかし、それを取ったら何もない。仕事がないことは、普通の健全な人間だったら大いなる苦痛である。

「処刑を待つ死刑囚に被告人と同じ単調な生活はかわいそうだ！」

と考える拘置所長もいる。

塀の外の人間に塀の中のことは絶対にわからない。塀の中には拘禁されている人の数だけ問題があり、人生がある。

一部の獄中体験者の「お話」は、何十万分の一の話なのだ。自分の犯した犯罪を棚に上げて、小社会である拘置所の規律やモラルを無視し、文句ばかり言っている人間と、犯した罪を反省し償わなければならないと思っている人間に対する取り扱いは、違って当たり前である。

社会にいて好きなことをやって、好きなことを言える自称・人権家。法律や条約だけを念頭に「監獄の人権」と言っている弁護士や学者。かれらに拘置所の中の特別な存在、死刑囚の気持ちや、あれこれと気を遣っている心ある拘置所長の気持ちがわかるはずはない。

拘置所の一日のスケジュールは次のとおりである。平日と土日の時間が若干違うだけの単調なスケジュールは、拘置所が存在する限り、永遠に変わることはない。

平日

7:00	起床
15	点検
25	朝食
11:50	昼食
16:20	夕食
40	点検
21:00	就寝

土日祝祭日

7:30	起床
50	点検
8:00	朝食
11:50	昼食
16:20	夕食
40	点検
21:00	就寝

東京拘置所・死刑確定者処遇内規

死刑囚を多数（二〇〇六年三月一日現在四十三人）収容している東京拘置所の死刑囚処遇の内規である。

法律に書いていなければ、本来やらなくても文句は言われない。

しかし、死刑囚が被告人と同じ生活スタイルではかわいそうだからと、所長が定めて運用している規定である。

自由を奪われるという償いをしている懲役受刑者に認められていないこともあり、被告人以上に範囲を広げているものもある。

これを読まれた皆さんが何を思ってくれるか？　私は拘置所が死刑の執行だけをする場所でないこと、言外に、でき得るならば死刑はしたくない拘置所の本音が書かれた内規であることを読み取っていただきたいと思う。

第1条（目的）この規定は、死刑確定者（以下「確定者」という）について、拘禁の確保と心情の安定を図り、もって、これらの者に対する処遇の適正を期することを目的とする。

第2条（根拠規定）確定者の処遇については、監獄法、監獄法施行規則その他確定者に関する通達によるほか、この内規の定めるところによる。

第3条（拘禁）確定者は、独居房に拘禁する。

第4条（戒護）身柄の確保を期するため、特に次の事項に留意しなければならない。

（1）動静視察、捜検及び検身は、頻繁、かつ、綿密に行い、逃走、自殺等の事故防止に努めること。

（2）独居の開扉及び居房外への連行の場合は、逃走、自殺、暴行等の事故防止に必要な戒護職員（著者注・刑務官のこと）を付すること。

（3）通常の動作時限以外で確定者を居房外に連行するときは、処遇担当の統括矯正処遇官又は主任矯正処遇官の許可を得ること。

（４）夜間又は免業日に診察、取調べ等のため居房外に連行する場合は、監督当直者に報告し、その指示を得ること。ただし、急速を要し、監督当直者の指示を得るいとまがない場合は、三名以上の職員が立会の上、居房を開扉し、適宜の措置を執ること。

第５条（**請願作業**）確定者には、請願作業に就くことを奨励する。

２　作業の種類は、保安上支障のないものに限る。

３　作業賞与金は、この内規の目的に反しない範囲内において使用させることができる。

第６条（**教誨**）教誨は、個人教誨とする。

２　教誨は、教誨室において行い、戒護職員を付さなければならない。

３　教誨は、所長が委嘱した教誨師が行う。

第７条（**礼拝用具等**）仏像（絵像）、十字架、念珠、ロザリオ等信仰上必要と認められるものについては、保安上支障のない限度で使用を許可することができる。

第８条（**助言指導**）処遇関係職員は、確定者が平常心をもって日常生活を送ることができるよう助言指導に努めなければならない。

第９条（**教化活動**）精神的苦痛を除去し、内面生活を充実させるため、必要に応じ、短歌、俳句、書道、仏画等の指導を行うことができる。

２　指導に当たっては、適当な指導者を選び、所長が委嘱する。

第10条（**情操教育**）情操教育に資するため、希望者には、次のものを居房内において所持又は使用することを許可することができる。
（1）生花及び花瓶
花瓶は、貸与することができる。
（2）書道、仏画等の用具
自弁購入品に限り許可する。
（3）墨画及び風景画
（4）将棋一式
貸与することができる。
2　前項各号に定めるものは、管理上支障のないものに限る。
第11条（ビデオ視聴） 心情安定に資するため、居房内において映画等のビデオを視聴させることができる。
2　ビデオの視聴は、原則として1カ月に2回以内とする。
3　ビデオの内容、回数等は、指導部門で計画する。
第12条（閲読図書） 閲読図書の取扱は、「被収容者に閲読させる図書、新聞紙等取扱細則について」（著者注・東京拘置所の内規）の定めるところによる。ただし、房内所持冊数については、勉学用図書及び宗教図書に限り、更に10冊の範囲内において増冊所持を許可することができる。

第13条（特別に所持を許可する衣類等） 居房内で所持する衣類等については、確定者処遇の特殊性を考慮し、別に定める範囲内で特別に許可することができる。

第14条（**特別購入**）管理運営上支障のない限度で、購入を許可する菓子及び果物類の品目を増加することができる。

2　前項の菓子及び果物類の品目は、別に定める。

第15条（**無料洗濯**）確定者が衣類などの洗濯を願い出た場合で、事情やむを得ないと認められるときは、無料洗濯を許可することができる。

第16条（**戸外運動**）戸外運動は単独とし、30分間実施する。

第17条（**外部交通の相手方**）確定者には、原則として次に掲げる者と面会し、並びにその者に信書を発し及びその者から信書を受けることを許可するものとする。

（1）本人の親族。ただし、収監後親族となった者で、外部交通の状況、親族となるに至った経緯等から、判決確定後の外部交通確保を目的としていることが認められる者を除く（著者注・面会と信書の発受をしたいからと養子縁組などをして親族になった者）

（2）本人が、現に係属している訴訟の代理人たる弁護士（原則として、当該代理権が及ぶ事項に限る）

（3）本人の再審請求に関係している弁護士（原則として、再審請求に関する事項に限る）

（4）面会又は信書の発受により本人の心情の安定に資すると所長が認定した者

（５）裁判所及び権利救済について権限を有する官公署
（６）訴訟の準備のために交通を許可することが必要と認められる弁護士

第18条（面会の回数等）面会は、１日１回とし、同時に面会できる人数は、３人までとする。

第19条（面会の立会い）面会の立会は、原則として主任矯正処遇官（接見担当）が行う。

第20条（面会の中止等）面会の際、会話の内容が次の各号の一に該当する場合には、立会者は直ちに警告を与え、なおその警告に従わないときは、面会を中止することができる。

（１）拘禁の目的を阻害するおそれのあるとき
（２）相手方に不安の念を抱かせるおそれのあるとき
（３）本人の心情の安定を害するおそれのあるとき
（４）施設の管理運営上支障となるとき

第21条（信書の検閲基準）信書の内容が次の各号の一に該当する場合には、その部分を抹消し若しくは削除し、又は、その信書の発受を許さないことができる。

（１）拘禁の目的を阻害するおそれのあるとき
（２）社会一般に不安の念を抱かせるおそれのあるとき
（３）本人の心情の安定を害するおそれのあるとき
（４）施設の管理運営上支障となるとき

第22条（**信書の発信回数等**）発信回数は、1日2通とし、一通の発信枚数は、便せん7枚以内とする。

第23条（**差入れ**）確定者への差入れは、原則として確定者との外部交通を許可されている者に限り許可する。

居室と運動場と入浴場が世界のすべて

図解・死刑囚の生活

死刑囚の生活空間とは

死刑囚は親族家族に見放された者、もしくは迷惑がかかると自ら関係を断った者が多い。

外界と唯一つながる面会室に赴くことがない死刑囚は、居室と運動場と入浴場が全世界になる。

この狭い世界で、

自暴自棄になる者、

自分がこうなったのはあいつ（被害者、事件に関係がある者、弁護士、検事、裁判官など）のせいだと、怨念を深める者、

命で償うのだから、それまでは気ままに生きると規則に従わない者、

がいる一方で、短歌や俳句などの創作を通して、精神世界を限りなく広げる死刑囚がいる。また、ここでできる償いを！　と請願作業に励み、限られた材料と道具で絵を描き続ける死刑囚もいる。

私の知っている死刑囚は、社会に役立つものを発明しようと、限られた時間を費やしている。ボールペンと紙だけで専門家も驚く発明をする。

死刑囚の日常生活

日常の生活(日課、衣、食、住)は被告人と同じ。
ただし死刑囚には、週1、2回、大河ドラマ、バラエティ番組、
歌番組、映画のVTRなどのテレビ観賞をさせている

戸外運動

40分前後　死刑囚は単独で行う

入浴

夏季は週３回、その他は週２回
入浴時間は15分間

第四章　初めて明かされる死刑囚監房の真実

死刑囚VS拘置所

トラブルが頻発する現場では何が起きているのか

甘い処遇が拘置所をダメにする

ようやく日本の刑務所の中の様子がテレビや映画に登場するようになった。

二〇〇二年十二月には、ＮＨＫ『クローズアップ現代』で府中刑務所の様子がリアルに放映された。

「受刑者が増えて刑務所は大変だ！」

というＰＲ的な要素がなかったわけではないが、所長が根元武さんでなかったら、あのような迫真の撮影は許可されなかっただろう。

刑務所長、拘置所長、管区長と長のつく施設長ポストは八十二あるが、非の打ち所のない長はめったに出ない。希代《きたい》の施設長の一人が根元さんである。

さて、拘置所はいったいどういうところか、映像ではなかなか見ることができない。

カメラは厳禁！　刑務官も例外ではない。

中に入っている人たちは受刑者ではないので、プライバシーの保護という人権上の配慮が優先される。

拘置所入所者の半数以上は釈放されて、社会に帰り刑務所には入らない。いわば一般社会人に近い配慮をしないと、あれこれとトラブルを起こすことになる。

刑務官が刑務所から拘置所に転勤（転勤するのは主任以上の中間監督者及び幹部）すると、慣れるまで時間がかかるし、妙に消極的になってしまう。

刑務所に比べれば何倍も甘くしないと拘置所勤めはトラブルの連続になる。ところが甘くすれば被告人や死刑囚は手に負えなくなる。緩さと厳しさのバランスがむずかしい。

暴力団の抗争などで、多数の地元暴力団組員が入所すると拘置所がガタガタになることがある。暴力団組員に大手を振って歩かれ、刑務官の指示も命令もくそくらえ！　またたくまに無法地帯と化してしまう。

拘置所と刑務所は過去、何度も何度も辛酸をなめている。死刑事件の被告人や問題死刑囚など、被収容者ただひとりにかき回されることもある。元をただせば保身に走り、腰が引けている幹部の姿勢ひとつなのだ。

名古屋刑務所事件の影響とは

二〇〇二年秋、大騒ぎになった名古屋刑務所刑務官による革手錠暴行事件。あれは新聞もテレビも、逮捕された職員の個人的な犯罪として報道を繰り返しているが、そうではない。

女房子どもとの生活を棒に振って、首を覚悟で受刑者をいじめる刑務官がいるわけがない。所長ら上官から、

「規律を維持してくれ！」

と頼りにされ、

「君たちは本当によくやってくれる」

と常々評価されたから、変わらぬ忠誠心で仕事をしたまでのことなのだ。

「革手錠を掛けられた一人の無抵抗の受刑者に五人でよってたかって暴行を加えた！」

とまあ、こんなニュアンスの報道になっているが、革手錠を安全に掛けるには最低五人が必要なのだ。

腕輪が二個で二人、ベルトが一本で一人、暴れるのを押さえつける役が二人。合わせて五人、他に指揮官（所長の命令で革手錠を掛けるのだから、少なくとも所長の権限を代理できる処遇部長や首席）がいなくては、革手錠の使用も保護房への収容も

できなかったはずだ。

所長の命令で仕事をしたのに、上層部はみんな逃げて、最前線で体を張って――時には命を懸けて忠実に仕事をした刑務官だけが責任――それも刑事責任をとらされるのだから、名古屋刑務所だけでなく、全国の刑務所と拘置所は危険な状態になっていると思われる。

危険というのは、収容されている受刑者や被告人の安全が脅かされるということである。従来は、喧嘩があると刑務官は疾風のごとく現場に駆け付けた。凶器を取り上げて制圧し、手錠を掛けて保安本部に連行し取り調べたものである。しかし、その刑務官たちがタラタラと走り、凶器を持ってにらみ合い、つかみ合っている受刑者や被告人を、

「首になるんだから、手なんか出せるか！」

と、ただ遠巻きに見ている、そんな状況になっていないとも限らない。

明らかに刑務官の士気は低下している。

「非常ベルはむやみに鳴らすな！」

という馬鹿げた指示が出された刑務所があると聞いた。

名古屋の事件の処理――管区と刑務所長が部下刑務官をマスコミと検察庁に売った――は悲しかった。今の幹部刑務官にあるのは、ただ保身のみ！　プライドをかなぐり捨てている。

拘置所の乱れはどこからはじまるのか

「死刑囚監房物語」は、過去にあった事例を、現在の拘置所の組織にあてはめて書き直したドキュメントノベルである。登場人物にはみなモデルがある。拘置所を知ってもらうには、人事や官舎の人間関係も必要になる。階級がある職場だから指揮命令系統は磐石《ばんじゃく》で、一糸の乱れもなく国家権力を発動できる体制だと思ったら大間違いである。

刑務所幹部に蔓延《まんえん》する保身と出世欲。

片や死刑囚の死を迎える恐怖と、限りある時間の過ごし方の葛藤。

これらを忠実に再現した。

乱れた拘置所で好き勝手に生き長らえている死刑囚を見て、死刑の存続や廃止について真剣に考えることができるだろうか。

不幸な名古屋刑務所の事件と重ね合わせて見られるところもある。

さて、拘置所をイメージしてもらおう。映画『刑務所の中』を観た人は刑務所の舎房を思い浮かべ、その舎房の外側を塀で四角に取り囲んで欲しい。

名古屋拘置所や改築中の東京拘置所のような高層ビルをイメージした人は外壁が塀の代わりになる。

ドキュメントノベル

死刑囚監房物語

▼転勤命令

法務省矯正局保安課補佐官である野間駿介は、平成〇〇年十二月十日、N拘置所長の内示を受けた。内示といっても、断ることは事実上できないので命令と同じである。

野間は高校卒の叩き上げの刑務官である。

ノンキャリアの野間が四十七歳という若さで所長になれば、部内ではあれこれと陰口がたたかれるだろう。

妬《ねた》み、と言えば一言で片付けられそうだが、泣く子も黙る天下の法務省で妬みによる中傷はいただけない。

所長が孤立すれば、実際に困るのは囚人であり一般の刑務官たちなのだ。

予算、人事、情報……。嫌がらせをしようと思えば何でもできる。

実は、野間自身も破格の出世については、理由がわからなかった。

保安課長、参事官、審議官といった刑務所畑出身のキャリア官僚から特別目を掛けられているとは思っていなかった。

むしろ、歯に衣を着せぬ言い方が諫言《かんげん》に聞こえることも多く、煙たがられていると思っていたのだ。

「十二月二十五日付けで、N拘置所長を命じる予定だ。心しておくように……」

局長の口から出た、思わぬ抜擢の内示に野間は耳を疑った。

N拘置所長は格の高い施設長。二階級特進の大栄転になるのだが……。

「……急な話だが、これには理由《わけ》がある。君が正式に受諾した後に理由を話すことにしよう。明後日に返事をくれ」

「はあ!?」

野間自身も法務省で勤務できたのだから、いずれは刑務所長になれると思っていた。

だが、今回のN拘置所長は早すぎる。「理由《わけ》」とはいったい何だろう……。

前例無視の破格の人事。局長の言葉が妙に引っ掛かる。

野間は拘置所での勤務経験はある。係長時代に三年間、O拘置所保安課に勤務した。

その内二年間は死刑囚と女区を受け持った。

野間は出世志向の強い刑務官だった。二十五歳の若い係長は張り切っていた。

刑務所で採用された野間は、受刑者に対する厳しい取り扱いが身についていた。

「鬼の処遇係長」という異名を取り、被告といえども容赦しなかった。

〈日本の警察が逮捕したのだから、九十九パーセントは犯人に間違いない。犯人を被害者と善良な市民に成り代わって懲《こ》らしめるのだ〉

堅い確信に満ちた男だった。


これが叶《かな》えば、久し振り、十二年振りの現場になる。

満足に課長も経験せず、所長で現場に復帰することになる。

さまざまな思いが頭の中を駆《か》け巡《めぐ》る。

真っ直ぐ公務員宿舎には帰りたくなかった。有楽町のガード下、焼き鳥屋に野間の部下・野口と連れ立って入った。

「補佐、凄いじゃないですか！　N拘置所長なんて……」

「いったい、今頃N拘置所で何があったんだ？　君は何か知らんかね」

「拘置所や刑務所は何があってもおかしくないですよ。問題があればあるほど、やり甲斐があると思います。次のステップを考えれば、ワクワクするじゃないですか」

「君は独身だよな。若いってことはいいな。俺なんか、上司の娘をもらっちまったもんだから、何につけても『私のお父さんは……』、とくる。俺のことより、『父の顔を潰《つぶ》さないで欲しい』ということさ」

「なら、奥さんに頭を下げさせる絶好の機会でしょう……」

野口も所長の息子である。長い平和の影響か？　刑務所という家族主義的な閉ざされた世界では、看守も幹部も二代目三代目の時代になっている。

不安があったものの、酒の勢いも手伝って、焼き鳥屋を出るころには、気持ちは固まっていた。

〈よし、いくぞ！　何が怖いもんか。所長になるのだ〉

その夜、野間駿介は長い夢をみた。

二十数年前の処刑の場面。

＊

衆生無辺誓願度
煩悩無趣誓願断
法門無尽誓願学
仏道無上誓願成

なだらかな僧侶の合唱が腹に響く。高く低く、穏やかに、そして力強く……。

この合唱がなかったら刑務官による虐殺現場になっていたかもしれない。

暴れ狂っていた囚人は刑務官に両腕を固められてはいるが、すっかりおとなしくなった。諦《あきら》めたのか？　死への恐怖か？　色を失った蒼白の顔は仏壇に注がれて、まばたき一つしない。

▼わめき叫ぶ死刑囚の最期

たった今、舎房の集会室で、

「立派な最期を務めてきます。お先に……」

と、十三人の仲間に丁重な別れを告げてきた死刑囚は豹変《ひょうへん》してしまった。

舎房から出て処刑場の建物に向かうと突然、わめき散らし暴れはじめたのだ。

死刑囚の中では模範囚だった男は、最後の最後で取り乱した。前後左右にいた刑務官が一瞬の内に取り押さえ、わめき叫ぶ男の両手両足を持って担《かつ》ぎ上げた。

舎房の窓がバタバタといくつも開かれた。耳をすませていた死刑囚監房の囚人が一斉に外を覗こうと高窓に手を掛ける。懸垂《けんすい》して顔を出す。

しかし、そこには波板の目隠しがあって外は見えない。

処刑場の入り口が閉められた。

木造モルタル塗りの倉庫のような平屋の一戸建て。ここは、何百人もの命を奪った『死の館《やかた》』だ。線香の煙が漂《ただよ》い読経《どきょう》が流れる。

手錠がはめられた。

「なむあみ……だ…ぶ」

死刑囚の口が動いた。

僧侶の合唱の声が一段と高くなる。鐘が鳴らされる。

白布の目隠しをする保安課長の手先が幾分か震《ふる》えている。

「配置につけ！」

保安課長の指示が出た。低い静かな声だ。

背後のカーテンが引かれた。

七人の刑務官は一斉に動き、持ち場についた。

介添《かいぞ》えの二人の刑務官が持ち上げるように腕を抱えて向きを変え、処刑室に導《みちび》く。

地下室ではカーテンが引かれ、検死の監獄医が階段を下りる。続いて執行看守もほぼ正方形の地下室に下り立ち、裸電球に照らされた天井を見上げる。

所長、検事、管理部長らの視線は、ロープの輪を広げて待つ刑務官の動きに集まっている。上気した若者の顔は厳しい。緊張と責任感に恐怖も感じるのか、鬼気迫るものがある。

輪に巻かれた白いなめし革は怪《あや》しい茶に変色している。数多《あまた》の脂《あぶら》と内臓から絞り出された汚物と体液・血液を吸ったからだろう。

畳一枚より若干小さい刑壇の中央に立たされた死刑囚に、頭上から輪が被《かぶ》せられた。

刑務官は必死の形相で輪を絞《しぼ》る。足元では別の刑務官が膝の下を縛る。

死刑囚の足が震える。喉元《のどもと》が締まり顔面に血が上る。

保安課長が素早くロープの締まり具合を点検する。

「よしっ！」

保安課長の右手が上がった。

中腰で身構えていた刑務官がハンドルを手前に引いた。渾身《こんしん》の力を込めて！

踏板を止めていた金具が外れる。死刑囚の体は自分の重みで勢いよく突然できた穴に落ちていった。

たとえようのない物凄い音が耳をつんざく。穴の中央に滑車から下がるロープがバウンドし、大きく揺れた後、ピンと張った。

一瞬、断末魔の叫び、建物を揺らす震動、窓ガラスの震えが一つになり合唱された読経をかき消したが、三人の教誨師《きょうかいし》による腹の底から出る声が何事もなかったように、ひときわ大きく響きわたり、ピタと止んだ。

拘置所長、検事、刑務所幹部らは、地下室の宙に吊り下がっている死刑囚を、じっと無言で見下ろす。殺すこと、つまり死刑という刑罰の執行を見届ける役を果たさなければならないのだ。囚人の体を断続的に痙攣《けいれん》が襲う。

一人の人間というよりは五体が垂《た》れ下がっただけに見える。既に「物体」といったかんじに近い。首と手足は胴に繋《つな》がっているが、痙攣の動きを見れば五体がバラバラになったのではないかとさえ思われる。

囚人の体は、ロープを軋《きし》ませる大きな痙攣の後、手足がグイッと引っ張られるような痙攣が来た。

体重が死までの時間と関係があると、二十数回、執行人として立ち会った看守部長が言う。

この男は六十五キロだから、二十分近くかかるのだろう。

口から黄色い吐瀉物《としゃぶつ》が押し出される。これも断続的、顎《あご》を伝い胸を汚す。

顔色が蒼白《そうはく》になり、死人の色になった。痙攣もなくなった。

おもむろに医官が聴診器を胸に当てた。同時に脈を取る。

脈がなくなる。

しかし、心臓は動いている。

一人の男が死ぬまで、目を逸《そ》らさずじっと見ている人間が十数人。所長や検事、刑務官それぞれに思いがあるだろう。

死人や重病人、瀕死の重傷者を見るのとはわけが違う。内臓が飛び出すほどの怪我人を見る方が、吊《つ》られて刻々と死に往く人間を見るよりも、まだ耐えられそうだ。

特に痙攣は見るに堪《た》えない。

脈が取れなくなって二分が経過した。一分、二分がこんなに長い時間だったとは！

医官が聴診器を白衣に収め階段を上がる。所長と検事に死亡時間を報告した。

「ただいま心臓が停止。死亡を確認しました」

遠き日の出来事が詳細な映像とともに蘇《よみがえ》った。

▼陰謀

野間駿介に告げられたN拘置所長の内示。今まで、初任の所長が就いたことはない。これには理由《わけ》があるというが、どのようなことがあろうと、このチャンスを逃すわけにはいかない。

公務員宿舎に帰り着いたのは、午前一時を過ぎていた。

珍しく明りがついている。

四階建てのアパートの四階まで、野間は足音を殺して階段を上った。かばんを小脇に抱え、小銭入れからキーを取り出す。左手を鍵穴に当てる。

キーが鉄扉に当たるカチッという音さえもさせないように、注意してキーを差し込み、ゆっくりと左に回す。

帰宅が遅い本省勤務。静かに入れという妻の言葉に、いつの頃からかドロボーのように音をたてずに鉄扉を開け閉めする癖がついていた。

野間は玄関に入るとノブを捻《ひね》ったままドアを閉め、静かにノブを元に戻した。

爪先で歩き、ダイニングルームの戸を開けた。

野間は思わず声を上げそうになった。

般若《はんにゃ》のような形相をした妻が立っていたのだ。

「ただいま、どうしたんだ？」

妻は無言で野間のネクタイを摑《つか》むと左右に振ってから引っ張った。

「な、何をする！」

「あなた！　もう我慢できない。私が知らないとでも思っているの？」

「何のことだ？」

妻はテーブルの上にある写真と手紙を視線で示した。

「それは？」

「動かぬ証拠よ。おかしいおかしいと思っていたの……」

自然と声が高くなる。

「夜中だぞ。静かにしろ！」

野間は妻の手を振り払い、写真を手にとった。

「これは？」

「私が聞きたいわ。いったい誰なのこの女……」

野間が肩を抱いている女は見覚えがない。いや記憶にないというべきか。写真のバックは網走川とレンガの塀。穏やかな秋の川面と若い女の笑顔がよく合っている。

〈この間の出張の時かな？〉

野間は記憶の糸を手繰《たぐ》り寄せる。

二カ月前、巡閲《じゅんえつ》（法務本省の官僚によって行われる刑務所の内部監査）で網走と釧路、そして帯広を訪れた。どうもその時の写真のようだ。

便箋と封筒に手を伸ばした野間は、激しい一撃を後頭部に受けた。

妻幸子《ゆきこ》の手にはマグカップがあった。野間の頭はみるみる腫《は》れ上がる。ひとつの階には八戸の住宅があるのだ。いい年をした夫婦が暴力沙汰の夫婦喧嘩を繰り返していると は、断じて思われたくない。妻を刺激しないように、大声を出されないようにと、野間は近所の手前無言で耐えた。

タオルを濡らし、冷蔵庫から取り出した氷を包んで親指大になった瘤《こぶ》を冷やす。

百六十三センチ、体重五十三キロの妻は力も強い。取っ組み合いになることもある。

結婚して間もなくだった。

些細なことで口論になった。幸子は手当たり次第に物を投げつけ、野間のスーツを裁《た》ち鋏《ばさみ》で切り裂いた。初めて見る妻の異常な行動に野間は大変なショックを受けた。

以後、本性を現した妻は逆上すると手がつけられない女になってしまった。

幸子は平気で野間の手や顔面に爪を立てる。役所に出勤して同僚や女子職員のいぶかる視線に会うと、「また、飼い猫に引っ掻《か》かれた」と言い続けていた。

「落ち着けよ。誰がそんな物を！　妬みだよ。俺はもうすぐ所長になるんだ……」

「えっ！」

「今日、局長に呼ばれた。二十五日付けでN拘置所長だ」

幸子は複雑な顔をした。明らかに混乱して後の言葉が出ない。

幸子は、野間の浮気を仄《ほの》めかす電話や白昼続く無言電話に悩んでいた。半信半疑だったところに写真が送り付けられ、今夜こそは白黒をつけようと待っていた。そこに所長になるという話が出たのだから、無理もない。

野間は妻の表情の変化に暴行の恐れはなくなったものと判断した。

「誰だ、こんな悪質ないたずらをする奴は……」

写真と便箋を手にとった。

一万七千人の刑務所職員の頂点、所長のポストは七十四。ピラミッド型の刑務所組織の上の方では醜いサバイバルゲームが続いているのだ。

＊

十二年前、法務省本省勤務となった野間は、刑務官ではナンバー2《ツー》の審議官の娘と見合いをした。見合いと言っても、仲人はなし。命令で招待に応じた赤坂の一流ホテルのシャンパンブランチだった。

後に聞いた話では、定年二年前の審議官は末娘の婿《むこ》捜しにやっきになっていたという。

「数撃てば当たるってとこかな……。お前はまんまと引っ掛かったんだ」

先輩の談に結婚式を迎えた時にはすっかり愛情が冷めていた。結婚生活に入っても、新婚の甘い気分はほとんど感じられなかった。

幸子は過保護に育てられたためか、すぐに感情を顔に出す。しかも意に沿わないと二日でも三日でも口をきかない。

短大を出ていったんは銀行に就職したのだが、二年余りで辞め、以後の十年間は気ままにアルバイトをしながら、年一、二回の海外旅行を楽しんでいたという。

容姿はまあまあ、丸顔の愛らしい笑顔を見せることもある。外面《そとづら》はいいので子どもの学校関係の付き合いでは、いいお母さんという評判である。


「今時、パソコンを使えばどんな写真でも作ることができる。十年以上一緒にいるんだから俺のことは幸子、君が一番わかっているだろう……」

「でも、これどこ？」

「網走刑務所だな。この間出張に行った時のものかな？　写っている木々の様子からは季節も秋……」

「一緒に行った人？」

「さあな……問題は目的だよ。俺と君を別れさせるためか？　それとも君を好いている奴の仕業《しわざ》かな？」

野間は後頭部の痛みを忘れ、吹き出しそうになった。

「家庭の不和は、相当なダメージ。離婚したら所長を解任だ！　気をつけよう。ともかく相手にするな」

「パパに相談してみましょうか」

「………」

冗談じゃない！　何がパパだ。俺はお前のその「パパに……」というのが一番嫌いなんだ！

野間は返事をせずに、寝室に入り着替えを始めた。

退職後も刑務所の世界にあれこれ口を出すＯＢには我慢がならない。人事にまで口を出す輩《やから》もいる。

人脈で人事が決まる世界だから、親分子分、そのまた子分とトップクラスの退職者は、矯正協会や刑務所を舞台に利益を上げている、ＯＢが設立した収容者用の物品卸売などの会社に再就職する。

定年後のルートまで敷かれているのだ。

再就職先で何をするのか？　かつての部下が勤務する刑務所に顔を出してはセールスをする。人脈が貴重な金蔓《かねづる》になる。

「なあ幸子、舞衣《まい》の転校手続きをちゃんとしておいてくれよな」

野間はスーツをハンガーに掛けながら、小学校五年の娘のことを思い、Ｎ拘置所への赴任の日に思いをはせていた。

「わかっているわよ。私も小学校は三回転校したんだから。Ｎ拘置所長か、パパの力ね」

明るい声が返って来た。

分厚い陶器のカップで夫の後頭部を殴ったことを忘れてしまったようだ。何とも感情の起伏が激しい女である。

野間は何事もなかったように話す妻に苦笑しながら、ライバルたちの顔を思い浮かべた。


およそひと月前、N管区長・坂井正とN拘置所長・亀田史郎が、新橋の料理店の二階で客を待っていた。

十分、十五分と間を置いて店にやってきたのは、矯正局総務課参事官と矯正局保安課長、東京矯正管区第一部長だった。

来春の定期人事異動は既にでき上がっている。その定期異動を前にして、どうしても異動発令をしておかなければならない事態が発生したのだ。

刑務所長の任命権者は法務大臣であり、実質的には矯正局長が異動発令の責任者になる。

しかし、検察官である矯正局長は具体的な人事には口を出さない。原案を作り局長に説明するのは、刑務所出身の総務課参事官で、参事官は管区長、第一部長の意見を聞く。

人事で権力をふるう、選ばれたキャリアが小料理屋の二階の座敷に集まった。

「昨日、各位には電話でお話しをしたところでありますが、N拘置所におきまして、何とも取り返しのつかない緊急の事態が起こる気配が濃厚になってまいりました」

「万策尽きたということかね？」

参事官の説明に保安課長が口を挟んだ。

「これは、囚人だけの問題ではございません。押さえつけておけばいいというものでもないので、この亀田君、はなはだ困っております。ご案内のとおり、亀田くんは我々キャリアの次代を背負う逸材であり、ここで傷をつけるわけには参りません……」

「それで、君の意見では、とりあえず亀田君を本省付にし、後任の所長に全責任を被せようということか……」

「そう、はっきりおっしゃられては返答に困りますが……」

参事官と保安課長のやり取りに、亀田N拘置所長と坂井N管区長は正座をしたまま下を向いている。

アフター・ファイブの省外での闇の派閥会議は、ただならぬN拘置所の不祥事件の勃発前に首をすげ替え、現職の所長亀田の責任を回避させようというもののようである。

▼赴任

年末の突然の所長の交替劇に動揺したのは幹部刑務官だった。元所長の亀田史郎はキャリア主流派の期待の星である。法務省の中枢に顔がきくし、将来は事務官のナンバーワンになる可能性が高い。自然、亀田派を名乗るグループが出世志向の幹部を中心にでき上がっていた。

後任の野間駿介はノンキャリア、幹部の態度がどう変わるか、楽しみなところでもある。よく事情がのみこめない突然の更迭劇《こうてつ》、野間の腕が見込まれたのだとしたら、何としても期待に応えなければならない。反対に、何らかの理由があって、所長就任後に職責を取らせて、この世界から抹殺しようとしているのであれば、意地でも辞めるわけにはいかない。

キャリアは採用時から副看守長。六カ月間の高等科研修を修了すると看守長に昇進の上、刑務所の統括矯正処遇官、課長補佐、あるいは課長を命じられ、落ちることのない階段を上り始める。

毎年、刑務所長候補として採用されるキャリアは十人に満たない。彼等は一般の刑務官とは全く別のルートを歩く。

採用後二十数年、四十六、七歳で初めての刑務所長を任命される。

工場勤務も夜勤の舎房勤務もしたことがなく、満足に囚人と口をきいたこともない刑務官が所長になるのだ。

公務の席でも宴席でも、キャリアが集まると話題は人事と他人の噂である。

塀の中の全権を牛耳る所長は本来、受刑者の更生を手助けする処遇の工夫など、建設的な話をしてほしいものだが、そんな話題はまず出てこない。

何と言っても、自分の次のポストが最大の関心事と言えるだろう。上官がやってくる巡閲や監察、それに視察を迎える所長は、極上の接待を！　と、部下に命じる。旅館の手配に宴席のコンパニオン、マージャンと翌日の観光案内まで、用度課長は詳細なスケジュールを作って所長の決裁を受ける。

宿代は一律一万円を徴収するが、それは形ばかりの免責行為だ。後日問題になった時は「私費で宿泊した」と言うためである。

実際にかかる宿代は一人三万から五万円。

官官接待が問題になったことがあるが、官官でも身内の官！　それも人事に影響力を持っているキャリアの先輩が来た時は接待が最も豪華になる。

一方、接待を受ける方も、すっかりたかり体質が身について接待内容をチェックする。旅館の部屋のグレード、料理の内容、コンパニオンの有無と二次会。翌日の観光案内と帰りの土産物まで万事行き届いて当たり前。もし意に沿わぬことがあったり、接待内容に気遣いが見られない時は、人事で報復するのだ。

所長は相手を見て慎重に接待内容をチェックする。「無駄金は使わない！」ということだ。官官接待こそが、出世と保身につながることを、いやというほど見聞きしているからである。

N拘置所の裏金は、被告への物品の販売収入である。主管は売店を受け持つ会計課長。稼げど稼げど、金遣いの荒かった前任の亀田所長のもとでは、預金残高のマイナス表示がプラスにならなかった。職員会というN拘置所全職員の会費など共有資産五百万円を定期預金にしてある。それが担保になった赤字通帳なのだ。

十二月二十五日、あわただしい年末の人事異動だった。新所長野間駿介は辞令を受け取ると、その足で東京駅に向かった。妻子とは新幹線ホームで待ち合わせた。

妻幸子は所長夫人という言葉にすっかり酔ってしまったようだ。野間の遅い帰宅にも寝ずに待っていた。

ヒステリーを起こさないのはありがたいが、なんとなく白々しくて、いつまで続くのかと、その反動がおそろしく素直に喜べないまま、ついに赴任の日を迎えた。

総務部長の話では、前任者亀田史郎は野間の赴任日時を聞いてから、急きょ予定を変更して朝一番で出発することにしたという。

N駅新幹線の改札口に出迎えたのは庶務課長。シルバーグレーの公用車の後部座席に親子三人が乗り込んだ。

幸子は所長夫人として最初の公用車への乗車である。すっかり上気している。気まずい沈黙を振り払うかのように娘がN市のことを庶務課長に尋ねた。

駅からおよそ十五分。車はいったん、隣接する所長官舎の前で止まり、妻子を下ろしてから拘置所に入った。

庁舎の玄関前には部課長が一列に並んでいた。

おそらく百年以上続いている刑務所長の送迎方法なのだろう。車寄せの手前で停車すると、用度課長が歩み寄りドアを開けた。

野間は所長になった感慨をかみしめて車を下りる。敬礼の号令がかかり、衣擦れがした。白い礼式用の手袋が敬礼を厳粛なものにしている。部課長の前を胸を張って歩く野間は、照れくさいような気恥ずかしさを感じていた。地に足が着いていない……。あがってしまった野間は、「俺はここの所長だ！　トップなんだ」と自分に言い聞かせた。

分厚い絨毯《じゅうたん》が部屋中に敷かれた所長室で野間は、部課長の紹介を受けた。

「私は、本日付けで当所の所長を命じられた野間駿介であります。年末のあわただしい時期の所長交代、種々取り沙汰する者もおるやに聞きますが、雑音に惑わされず勤務に精励願いたいものであります。仮に何か重大な波乱が起こり得る状況にあったとするならば、早期に事態を収拾できるよう情報の収集と報告の励行をお願いしたい。組織でことに当たれば何とかなるもの……」

野間の訓示に幹部連中は生唾を飲み込んで次の言葉を待っている。やはり何かある！

野間駿介の自宅にファックスで届いた怪文書は拘置所の職員からのものに違いない。文章の書き方、内容から推すと、腐敗に耐え切れない善良な看守だろう。キャリアの所長が囚人の圧力に屈した様子が客観的に書かれていた。

初めて着席する所長のデスク。机上には、型通りの『所長引継ぎ書』が二部置かれていた。

――未決四百五十名、経理夫五十名、死刑確定者十二名、問題収容者リスト、……

――野間はパラパラと捲《めく》っただけで冊子を閉じた。刑務所では活字ほど信用できないものはない。

〈読む気も起こらん。押したくもないが、これも儀式か……〉

野間は表紙に印字された「後任の所長」欄に署名し捺印した。一部は前任の亀田に送られる。

「総務部長、所長の野間だが……、これから巡回に出るが、その間、庶務課長にデスクを点検させて必要な物をそろえさせてくれたまえ」

気の利かない課長か？　それとも亀田の嫌がらせか？　鉛筆一本、消しゴムの一つも入っていない引き出しを開けたまま、部屋を後にした。

N拘置所は四階建ての舎房が四棟、両端が渡り廊下でつながった都会の要塞である。

首席矯正処遇官福田三郎は沈痛な表情で死刑囚監房に足を踏み入れた。

一舎二階が死刑囚監房。この監房は常時、四季の花が匂い立ち、テレビの音が廊下に響いている。

特別な場所、いや、ここが無法地帯になったのは、つい最近のことである。不祥事が起こるとすれば、この舎房であることは誰の目にも明らかである。

全部で三十ある監房のうち、ついに死刑確定者だけの舎房になって二カ月が経過しようとしていた。

死刑を求刑された者、死刑判決を受けたが上訴中でまだ確定していない者等、ほぼ満杯だった一舎二階。確定者以外を他の舎房に移したのは、無秩序・無法ぶりが世間に流れることを阻止するためだった。

拘置所幹部は死刑囚から抜き差しならぬ要求を突きつけられた。亀田前所長は「被告を別のフロアーに移すまで待て……」という期間の猶予を取りつけてから、特別処遇をはじめたのだ。

被告の間は面会も手紙のやりとりも自由。拘置所内の規律の乱れが塀の外にもれたのでは、問題は拘置所だけではすまない。政府の責任も問われる。そこで、死刑確定者以外の被告を他の舎房に移したのである。

規律を無視する違法な処遇！　亀田は保険金連続殺人犯・松下保夫をリーダーとする〝死刑確定者同盟〟からの不当な要求に屈したという形は絶対にとりたくなかった。「死刑確定者処遇要領」という内規を作らせて、あたかも官が恩恵的に与える死刑囚処遇という体裁をとったのである。

社会の興味と憎悪を浴びた極悪人が、拘置所の中で好き放題、勝手気ままに暮らしているとあっては、殺された被害者も、その遺族もたまったものではない。

福田は一房の手前にある集会室をのぞいた。

床の間付きの八畳間は本来、教誨《きょうかい》やカウンセリング、クラブ活動に使う部屋である。この部屋にはテレビにビデオ、コンポまでが置かれている。

無言でテレビに見入る死刑囚が六名、映像はアダルトビデオであった。

「オイ、今日は止めておけ、新所長が巡回してくる」

福田の言葉に六人がいっせいに振り向いた。

「なんでえ、首席か！　よく聞こえなかった、もう一度たのむわ」

「新しい所長が着任した。今度の所長はこの処遇を知らん。だから、今日は自分の房に帰れ。最初にびっくりさせては、すぐに元のようになるぞ……」

「そんなもん関係あるかい！　わしら明日の命がわからん死刑囚や、好きなようにやろうやないか。ガッチリ押さえとる〝官の弱み〟は、所長が代わっても同じだろう？」

強盗殺人と放火で死刑囚になった、杉田弘が敵対心をむきだしにした。

「まて、首席の言うとおりだ。しばらく様子をみようじゃねえか」

松下が杉田の肩をたたいた。

「おそらく幹部も金魚の糞のようにくっついて、大挙してやってくる。普段小さくなっていた腹いせに、元気を出す奴もいるはずだ。昼間からポルノを見てチリ紙を散らかしていれば、だれだって頭にくるぜ。杉田、消せ」

松下の指示に杉田は舌打ちをして、リモコンを操作した。

「みんないいか！　よく聞け、新しい所長が巡回する時は、房の中央におとなしく座っていろ、いいな！」

松下は廊下に出ると、突然大声を出した。

戸惑う福田を見て、松下は「そういうことだよな首席さん」というと、ニヤッと笑って白い歯を見せた。

拘置所の規律の乱れは、看守と囚人が通じているとなかなかわかりにくい。首席矯正処遇官福田三郎がやったように、所長の巡回前に触れ回られては、もう全くのお手上げというところだ。

野間駿介の初めての巡回では、差し当たって危機というものは感じられなかった。彼は矯正局長の言葉を思い出した。

「野間君、困ったことがあれば、検事正（地検のトップ）に相談しなさい。どうも君たち、刑務官の間ではくだらない人脈の争いがあるようだね。N拘置所がどうなっているのか、私のところには正しい情報が入ってこない。看守の間のトラブルだけなら大したことはないが、囚人もからんでいたら、本省も内閣も巻き込まれる大問題だからな。今回の異動は表向きは、亀田君を監獄法改正プロジェクトのキャップに据える内容だが、本当のところはN拘置所の問題だろう……」

人払いをした後で、言った言葉だった。

〈あせらず、ポーカーフェイスでいこう。情報も取捨する。すぐに飛びついたら、大火傷《おおやけど》を負うからな……〉

野間は舎房の屋上に立った。寒風が頬を打つ。N市を一望する屋上は洗濯物と布団の干場になっている。

つきまとう福田を無視して、四方の遠景をゆっくり見て回った。

野間の顔を見て、「おやっ!」と首をかしげた男がいた。一舎二階死刑囚監房の住人である。

「今通った背広姿の男が新しい所長か? どこかで見たことがあるんじゃが、名前はなんというんか? じっと考えとったが、思い出さんままじゃあ、なんか、ここんとこが気持ち悪うてのう……」

「何というのか、知らん。わしら看守には雲の上の人、関係ないわ!」

「おい、郷原! お前、横着な口のきき方しとったら痛い目に遭わすぞ!」

「す、すまん」

「さっさと聞いてこい!」

囚人から指名されて担当になった看守部長郷原晋があわてて廊下の中ほどにある担当台(舎房担当の机。立ったまま執務するため演台のような造りになっている)に走り、受話器をつかんだ。

死刑確定後四年目に入った死刑囚朴志郎《ぼくしろう》は、死刑囚同盟、別名獄死組合《594》の相談役である。朴は警察官殺しの死刑囚で、保険金連続殺人犯松下らの短絡的な無法集団とは一線を引いている。

朴は死刑囚監房にいるのが嫌で仕方がなかった。

自分の罪を悔いもせず、我がままを押し通す破廉恥な死刑囚と同じに見られるのがたまらないのだ。

死刑囚監房に在りながら、暴力団組長の肩書きはそのままである。

「朴、さっきは済まなかった。新所長の氏名だ」

郷原はメモ用紙を朴に手渡した。

新所長
野間《のま》駿介《しゅんすけ》　四十七歳
元法務省矯正局保安課長補佐

「気がきくようになったのう」

朴に褒《ほ》められた郷原は照れくさそうに笑った。

「ついでに、願箋《がんせん》をくれ。——ああ、いや書いてくれ。所長面接だ……」

「所長面接？」

「ああ、必ず所長が面接するように書け！　代理面接は一切認めんからな」

「それはないよ、俺は文章書かれへん……」

「つべこべ言わんと、頼んだぞ」

朴は言うだけ言うと窓をピシャリと閉めて房の中央に座り、メモを見つめた。

〈神戸の区長をしとった、〝おやじ〟（受刑者が担当刑務官などを指して言う、いわば刑務所用語）かもわからん。多分間違いないじゃろう〉

朴は久し振りに愉快な気分になった。

もう、二十年前になる。朴志郎は神戸で初犯の刑に服した。一歳年長の野間という若い看守長が朴の工場の区長として赴任してきた。

何度も焼きを入れられたが、不思議と相性が合った〝おやじ〟だった。

野間の口からよく、「朝鮮人」という言葉が出た。その言い方は、よくも悪くも、朴の心を揺さぶった。

野間が先に神戸を出た。関東の刑務所に栄転したのだ。

出立の前日、調べ室で長い時間話をした。

「俺は、日本人のずるいところが大嫌いだ。お前みたいな朝鮮人は信頼できる。生まれた国、日本で生きる道はアウトローしかないかも知れんが、祖国に帰ることもかなわんのだったら、ここで一流になってくれ……」

目を閉じると、野間の言葉が昨日のことのようにはっきりと思い出された。

――昔のままの〝おやじ〟だったら、あの人に首に縄を掛けてもらいたいものよ。しかし、人は変わるからな……。地位とか名誉を得た途端、手のひらを返したように、いや、別人ではないかと疑いたくなるほど変わった人間を何人も見ている。野間の〝おやじ〟がどうなっているか……。

一方、野間は幹部と警備隊にガードされて死刑囚監房を通った。一房ずつ、独房の中をのぞきながら歩いたが、目は顔から首に向けられる。

死刑囚からは、何とも形容しがたい視線が返って来る。

〈この男の首に縄を掛けて、吊すのか！〉

いやでも、そう思う。十二人の内、目が合わなかったのは用便中の一人だけだった。

この一舎二階の死刑囚監房の巡回では、自然と背筋が寒くなる。係長時代に死刑囚監房の主任をした時の気分とはまるで違う。あの頃は忠実な下士官としての立場だったから、ある意味では気が楽だったのか……。

野間は逃げるような気分で廊下に出た。死を待つ館は何とも心臓に悪い。

しかし、担当刑務官の落ち着きがなくだらしない様子と、乱雑な独房内を見て直感した。

〈ここは、規律が乱れている！〉

同じことが、処遇部門の待機室にも言えた。たばこの脂《やに》で汚れた窓ガラス。リノリュウムの床には、たばこの焦《こ》げ跡が無数にある。灰皿がありながら、床に灰を撒き散らし、吸い殻を踏み消しているのだろう。掲示板にはマジックインキによる落書きまでが消されずに放置されていた。看守のモラルの低さか、はたまた上官への不満によるストレスか……。

▼所長官舎

所長官舎では、幹部の妻たちがエプロンを手に持って、所長夫人を迎えた。

「奥様、お疲れさまでです。お荷物のお片付けの手伝いに参りました。私は総務部長佐々木の家内でございます」

やや小太りの人のよさそうな夫人が頭を下げた。

「野間です……」

すっかり忘れていた、懐かしい光景が目の前にあった。幼い頃、父の転勤についてまわった先で見た、母の姿が今の自分になっているのだ。

「主人は処遇部長渡辺満《わたなべみつる》です。この度はおめでとうございます。私は官舎生活にも不慣れでございます。どうかよろしくご指導をお願いいたします」

「野間です。こちらこそ……」

「奥様、渡辺さんは幹部夫人では唯一の二十代、ご主人はキャリアでいらっしゃるから、所長になるのも時間の問題……。それで、奥様をよく見習うように申し上げたところですの」

佐々木夫人はよほど面倒見がよいのだろう。人懐っこい笑顔を所長夫人野間幸子に向けた。

幸子は内心穏やかではなかった。キャリアと叩き上げの出世の違い、行き着く先はよく知っている。

幸子の父もキャリアだった。三十八年間の勤務で最後には事務官の最高峰、東京の矯正管区長まで上りつめた人である。

二人の姉はともにキャリアと結婚、刑務所長と少年院長をして順調に出世している。幸子一人、高校卒の叩き上げ刑務官と結婚したのだ。

器量も学力も姉には及ばないことは百も承知だが、高卒をあてがった父を恨むこともある。勝ち気なところは誰にも負けない幸子は、いかにもお嬢様といった雰囲気の処遇部長の妻に返す笑顔の陰に、猛烈な敵対心を隠した。

会計課長、用度課長、処遇部門の統括ら若い看守長の妻たちは、あいさつもそこそこに、「荷物が到着するまでにやってしまいましょう」と、所長官舎の拭き掃除をはじめた。

小学校五年生の娘の舞衣は、はじめての一戸建て、それも5LDKの税金で建てられた市の中心部の館《やかた》に大はしゃぎしている。

玄関には監視カメラが据えつけられ、映像は二十四時間保安本部にも送られて刑務官が不審者のチェックを行うようになっている。

もちろん、非常ベルもついている。ボタンを押せば、ものの一分とかからない内に、多数の刑務官が駆けつける。

官舎の設備と機能の説明を受けた幸子は娘を連れて庭に出た。築山と池もある庭を散策しながら、所長夫人になった喜びを実感として味わっていた。

「奥様、所長さんからお電話です！」

総務部長夫人の声がした。

「管区長の予定がわからないそうだ。五時までに帰って来ない時には、官舎に伺う。奥様だけにでも挨拶しておかんとな……」

「私も一緒に？」

「当たり前じゃないか！　それで今、用度課長に迎えに行かせた。デパートを案内してもらうから、手土産を……。奥方が喜びそうなやつだ……」

「それでは、その後で官舎まわりですか？」

「そうなるな……」

前々から、総務課長を通して着任挨拶の時間調整を頼んでいたのだが、ついに回答がないまま赴任の日を迎えてしまった。

こればかりは、庶務課長や総務部長の不手際とも言えない。

キャリアとしての自尊心が人一倍強い管区長は、『有能な叩き上げ』を毛嫌いし、足を引っ張ることばかりを考えている。

おそらく、どこかに雲隠れしたのだろう。

それならそれで、筋だけ通すやり方がある。野間は官舎に出向くことにした。管区長に挨拶が終わらなければ、高検、地検はもとより、最寄りの刑務所長への挨拶にも行けないからだ。

まさか、着任早々挨拶でつまずくとは……。野間は前途の不安を闘志に代えようとしていた。

▼告発

十二月二十五日午後十時、第三部夜勤班看守部長・中村敏之《なかむらとしゆき》は重い足取りで一舎二階に足を踏み入れた。

N拘置所の就寝後の勤務体制は巡回方式になる。中村の配置箇所は二舎一階の雑居舎房だが、午後九時から翌朝六時までは、一舎と二舎の一、二階が守備範囲になるのだ。

「中村さん、どうだい持ってきてくれたか……」

「無理だよ……」

「今更なんだい。今日か明日か首を長くして待っているんだよ。何時《いっ》まで待たせるんだこの野郎！」

見上哲《けんじょうさとし》は、鉄格子の間から腕を伸ばし中村の胸倉を摑《つか》んだ。

「コラ、やめろ！」

中村は見上の手首を両手で包むように摑むと、ノブをひねるように右に回し、右足を引きながら半身になった。

刑務官は全員が護身術を訓練する。しかも中村は柔道の有段者でもある。見上の右腕はボキッと音を立てた。

小手を取られ腕をきめられた見上は、鉄格子に顔面をうずめ呻《うめ》いた。静寂な舎房で声を押し殺しての会話中の出来事、刑務官にはもちろんのこと囚人仲間にも聞かれてはまずい話をしていたのだ。

「は、放せ！　待ってやるから放せ！　放してくれ……」

「くそったれ！　二度と大きな口を叩けんように腕をへし折ってやろうか」

中村は腰を落とした。手加減はしているが、見上のピンと伸びた腕は折れるのではないかと思われるほど、しなった。

二カ月間、脅《おど》され続けてきた中村。悔しさが憎悪になって燃えたぎった。

「ギャー」

母娘を惨殺した殺人犯見上は、たまらず悲鳴を上げた。

他の死刑囚四十一人はいっせいに起き上がり、鉄格子に顔をつけた。

廊下を中村がゆうゆうと歩いている。

「おい、担当さん、今のはなんじゃい？」

獄死《594》組合長を名乗る保険金連続殺人犯・松下が怒鳴った。

「…………」

中村は返事をしない。

ゆっくりと、舎房を出る中村看守部長。堂々とした大きな背中が松下の目に焼きついた。

絶叫は相当の範囲に轟《とどろ》きわたったのだろうが、乱れた拘置所はいつもザワザワしている。時には食事の不満に、房扉や鉄格子が食器で叩かれ、拘置所中が暴動まがいの騒音に包まれることもある。刑務官の叱責の声に、野次と口笛が響き渡ることも……。そんな拘置所の日常では、たった一度の短い叫びは気にもとめられなかったようだ。

「くそっ、どうにでもなりやがれ！」

廊下に出た中村は、窓を開けて冷たい外気を胸一杯に吸い込んだ。

中村は病弱な郷里の両親の介護をするために、上司に頼み込んで十カ月前、N拘置所に転勤させてもらった。

前任のT拘置所からはくらべものにならない規律の乱れを見た中村は、その日のうちに逃げ出したい気分になった。

刑務官としての職務意識と正義感を持っていれば、誰しも思うことは同じだろう。

被告の暴言を統括に報告すれば、

「わしに言われても困る。首席に言え……」

と逃げられ、首席に報告すれば、

「そうか、被告だからな。今の〝上〟は懲罰にせんのでな……」

と、これもまた逃げられてしまった。

すっかり意気消沈して、上司を信じられなくなった中村は、高校の先輩である地元の職員に相談した。N拘置所の乱れは、もう数年続いているとのこと。それがまた、今の体制になってから、さらに悪化したというのである。

拘置所も刑務所と同じで規律の府、組織の力で規律を守るんだ、とことあるごとに繰り返される訓示。

言った本人が部下の報告を聞き入れないのだから、刑務官はただの小間使いに成り下がってしまう。

囚人の方が一枚も二枚も上手《うわて》で、管理体制の欠陥を突いて、看守を脅し始めたのである。

中村もその一人、死刑囚見上の挑発に乗り暴言を注意し、その売り言葉に買い言葉をネタにされた。

「あんたの暴言と暴行を所長に訴えてやる」

見上の言葉に、「何をほざくか！」と高《たか》を括《くく》っていた中村は、意外にも見上が提出した「所長面接願」を代理で受けた首席に、

「中村君、君の口のきき方が悪いんだよ！」

と、こっぴどく叱られ、次回は懲戒に掛けるとまで言われてしまったのだ。

四十三歳の中村には、高校生と中学生の二人の子どもがいる。めぼしい財産は持っていない。いわゆる貧農の出の中村が出した結論は、仕事を失いたくはないということだった。

刑務官としての誇りも、公安職員としての自負さえも否定された看守はみじめなものである。

日に日に見上は無理難題を吹っ掛けて来るようになった。二カ月前には、遂に「金切りノコギリを持って来い！」と言ったのだ。

「馬鹿野郎、冗談じゃねえ！　立派な犯罪だ、要求を引っ込めねえと告発してやるからな！」

強気に出た中村も、心の中では猛烈な葛藤に悩んでいた。

今まで、要求されるままに、死刑囚同士の物のやり取りの仲介をするなど、服務違反を繰り返していたからである。

「まあ、よく考えて……。ねっ中村さん」

「…………」

見上の不気味な笑いに、中村は返答もできずに、怯《おび》え続けて来たのだ。

中村は、何度も「報告しよう」と心を奮い立たせた。

しかし、首席矯正処遇官・福田と拘置所長・亀田は、被告の頭を撫でるのに汲々《きゅうきゅう》としている。数え切れない弱みを摑まれているのだ。

そもそも、囚人に甘くすること自体が法令の拘置の目的に反するものである。甘い汁を吸わせてもらった囚人が手のひらを返せば、所長らは職責を取らされることになるのだ。

およそ刑務官としてのプライドも権威もかなぐり捨てて、その場を取り繕《つくろ》う上官を見るに付け、中村は何事も無駄な抵抗に思えた。

中村は遂に一通の手紙を法務省へ送りつけた。

N拘置所の現状を訴える告発だった。

それは、中村敏之の刑務官としての誇りと魂の叫びだった。自らの進退を懸けていた。

密告と言われるような、人に後ろ指を指されるようなものではなかった。

所長更迭は、中村を興奮させた。

法務省が中村の告発を受け入れてくれたものと思ったからである。


死刑囚・見上は右腕の関節を脱臼していた。

新所長野間駿介が着任した当日夜の中村の決断だった。

気を失って倒れていた見上が報知器（担当刑務官を呼ぶための、独房の扉に付いている小さな板状の装置）を下ろし、房扉を蹴ったのは、およそ一時間後。

「やかましい！」

報知器を上げて中村は一喝《いっかつ》した。

見上は泣き出した。苦痛に顔を歪《ゆが》め助けを求める。

「死にはせんよ！」

中村は冷たく言い放って、房の前を後にした。

見上には処刑の順番が来ている。

今度、N拘置所で処刑があれば、そのトップの位置にいるのが見上である。

冗談半分で中村に対して、ひょっと口にした脱獄の話。次に出た言葉は、何と金切りノコギリの差し入れの要求だった。

一度口にすると、すべてが叶《かな》いそうに思えてくるから不思議なものである。

毎日、毎日、見上は独房に籠《こも》って、脱獄と外塀を飛び越えた後の計画を練っていた。

四人仲間には誰にも打ち明けていない。

集会室にも出なくなった見上に、他の死刑囚たちは、

「かわいそうに、覚悟を決めて、連日、祈りと遺書書きに明け暮れているのだろう……」

などと噂をしていた。

見上と中村の立場は逆転した。見上は、中村が休憩で処遇部門に上がるまでの一時間余り、必死に腕の痛みと闘っていた。

〈くそっ、あの野郎！　吠《ほ》え面《づら》かくな。俺は首席の弱みもがっちり握っているんだよ。てめえなんか首にしてやるからな〉

人間の体はよくできている。痛みは徐々に引いてくる。激痛から針を刺したような痛みに変わっていた。

見上のケガに驚いた当直長は、所長に報告した。

医務課に運び込まれた見上は「腕を捻《ひね》った」としか言わない。

敵もさる者である。

中村は診察台で腰を下ろし、右腕を抱えている見上の傍《かたわ》らに歩み寄った。

見上が中村を睨《にら》む。見上の不敵な笑みは、次の瞬間悲鳴に消えた。

ボキッ

「おい、何をするんだ！」

当直長が怒鳴った。

「大丈夫ですよ。腕は入りました」

中村は何食わぬ顔で、見上の上腕部から手首に掛けて、マッサージを始めた。

「今、救急車を手配したところだ……」

「当直長、見上は順番が来ているんです。僕は出さない方がいいと思います」

「治療はしなくていいのか？」

「脱臼を嵌《は》めたから……。内出血もないし、治療をすることはないと思いますが、医務課長がくるんでしょ？」

「中村君は柔道整骨師の免許を持っているのか？」

中村は、うなずくように視線を見上に移した。

勢いよくドアが開いた。

「見上、大丈夫か！」

首席矯正処遇官・福田が飛び込んで来た。脇目も振らず死刑囚の傍らに歩み寄る。

「首席さん！この責任、取ってもらいますからね……」

見上が睨みつける。

「け、見上……」

うろたえる福田。

事の成り行きを医務課事務室の中から、じっと見ていた男がいた。所長・野間駿介である。野間の存在に、まだ誰も気がついていなかった。

▼首席の素顔

首席矯正処遇官・福田三郎は九州の出身。叩き上げの大物幹部の出身は九州、四国が多い。

徒党を組む九州、一匹狼の四国……。出身地によりそれぞれ特色がある。福田は九州人の例に漏《も》れず、派閥に属している。上には取りつき、下は踏みつける嫌なタイプの幹部であった。

野間駿介は拘置所の規律の乱れを肌で感じていた。ちょっとやそっとの梃入《てこい》れでは追いつかないだろう。取り返しのつかないところまで来ていることは明らかであった。

朝の所長室。野間が登庁すると、ものの五分も経たないうちに福田がやってきた。 やや腰を屈《かが》め、いかにもへりくだっていますと言わんばかりの格好で近づいてくる。

〈こんな態度をする奴に限って、平気で主《あるじ》を売る。気をつけないと……〉

「一件、ご指示を仰《あお》ぎに参りました」

ハアーと息を吐きながら腰を折る。

野間は徹底的に膿《うみ》を出すつもりでいた。部長も課長も容赦しない！

過去に刑務所の規律が崩壊した不祥事は、圧力をかけてくる収容者、暴力団関係者らに幹部が屈し、第一線の職員がやる気をなくしたことが原因だった。

しかし、ここでの様子はどうも違うような気がする。

保安警備の責任者である首席が囚人、それも凶悪犯の死刑囚の小間使のような態度をとっているのだから、異常というより他に言葉が見つからない。

「なんだね？」

「はあ、昨夜の死刑囚監房で勤務についた夜勤者・中村看守部長の件でありますが……」

「どうした。表彰か？」

福田は所長の思わぬ言葉に仰天した。

「と、とんでもありません。中村は、死刑囚見上哲に暴行を加えたそうです……」

「それで？」

野間はいたって平静である。前任の亀田とは全く違う。

福田は内心、不安になった。

「はあ、中村を出勤停止にして取り調べをしようと思っております……」

福田はじっと所長の顔色をうかがった。

「そうか、ならば見上も〝取調べ〟にしたまえ。厳正独居にして職員も君以外の者とは交談禁止。舎房も一般被告がいるところに移しなさい」

「そんなことを……」

福田は「そんなことをしては、大変だ！」と言おうとして言葉を飲み込んだ。

「どうした、できんのか？」

「はあ、中村が一方的に暴行を加えたものですから……」

「はっきり言いたまえ、首席！　私は昨夜医務課にいたんだよ。一部始終見させてもらったし、聞かせてもらった。見上を〝取調べ〟にできん理由はなんだね」

「…………」

福田は色を失った。体中が心臓になったような激しい鼓動に体が揺れる。

「一体何があったんだ。死刑囚監房だけじゃないだろう？」

「――どういうことですか？」

福田はかろうじて言葉を発した。

所長は何でもお見通しなのか!?　言い訳は避けたほうがよい。

福田の頭の中は窮状から逃れる言い訳を探し、目まぐるしく動いた。

まさか所長が医務課にいたとは……。

見上との会話が聞かれているとすれば、何とか手を打たなければ……。立場が逆転して死刑囚に脅しを掛けられていることがわかれば、大不祥事件に発展してしまう。

視線が合い、動かない。今にも火花が散りそうだ。

福田三郎は〝腰巾着《こしぎんちゃく》のサブ〟と言われている。九州出身のキャリアについて奉仕一途でここまで上った男である。

身長百六十二センチ、体重は六十八キロ、小太りであばた顔、押しつぶされたような鼻、鼻孔からは鼻毛が伸び、口元には剃り残した髭《ひげ》がある。

野間は、ずるそうな福田の顔を正面から観察した。三白眼《さんぱくがん》から送り出される視線は左右に動いて落ちつきがない。

品性のない顔に血の気がさした。

「申し訳ございません。調査不足でした。中村からも事情をよく聞きたいと思います」

福田は頭を下げると、そそくさと所長室を後にした。

〈今日のところは逃がしてやろう〉

野間は人事係長を呼んだ。

着任早々、不可解な事件が起き、幹部連中に警戒心ばかりが目立つ。

人間関係がよくわからない状況では、信用できる幹部も見当がつかない。

電話を切ってから十秒余り、ドアがノックされた。ひと呼吸おいてからドアが開かれる。

「人事係長・武田副看守長、入ります！」

きびきびとした動作、ようやく刑務官らしい職員に出会えた。

「武田君か……、ずいぶん早いじゃないか、駆けてきたのかね」

「はあ、ちょっと……」

「すまんが部課長、つまり会議メンバーの人事記録を持ってきてくれんかな」

「承知致しました」

「くれぐれも内密に……。幹部の眼に触れないようにして欲しい。庶務課長が席を外したときでいいから。頼みましたよ」

「はい、承知いたしております」

武田は深々と頭を下げてから退室した。

所長は所詮は孤独なものとはわかっていても、とりあえず一つずつ立て直していかなければならない。部下の誰を腹を割って信用し、指示命令を出せばよいのか？　野間が困っていたのはこの一点である。

昨夜の死刑囚監房の様子を見ても、まず、あそこから手をつけねばなるまい。

見上は即刻取り調べにすべき男だった。

しかし、首席は話題をそらせて逃げてしまったのだ。

部課長は信用できないが、人事係長といい夜勤の中村看守部長といい、信頼のおける職員が大勢いるように思う。

野間は決裁書類に眼を通し始めた。

あの醜男《ぶおとこ》に、なんであんな美人の嫁さんがいるんだ!?　しかも再婚で、ひと回りも年下だ……。

前の奥さんはもっと知的で、きれいな人だった。何でも離婚の原因は首席の女関係だということだ……。

待機室でも官舎の井戸端会議でも、しきりに福田は話題になる。

「ちょっと仮監《かりかん》まで巡回」

福田が表門を出ていった。

仮監とは、隣接する裁判所にある、出廷被告人を一時収容しておく場所、「仮の監獄」という意味である。看守の待機事務所もある。

「首席が外出されました」

表門の看守は、首席の名札を裏返すと処遇部門事務所に電話をした。

「また仮監か。はい了解」

配置主任の声に、事務所にいた職員がいっせいに首席の席を見た。首席が外出すると必ず官舎に帰る。

「毎日毎晩おかあちゃんを抱いていて、昼もやってんのかよ……」

「幹部はいいな、塀の外の巡回ができて」

処遇部門の刑務官はいったん登庁すると特別な事情がなければ外出は許されない。何が起こるかわからない職場だから、休憩時間といえども常時待機の状態に置かれているのである。

「最近、奥さんずいぶんやつれたらしいな。うちの女房《やっ》が、病気じゃないのかと心配しとったよ」

書信係の主任が誰に言うともなく首席夫人の話をした。狭い世界の狭い人間関係では、共通する話題はパチンコ、競馬、マージャン、それに官舎を舞台にした噂話である。

要するにギャンブルとセックスの話に尽きるのだ。まあ、他人を蹴落とす話ではないし、これが一番罪が無くていいのかも知れない。

四階建ての幹部官舎は一棟十六戸。

首席官舎は一〇四号で、一階の端である。

案の定、福田は真っ直ぐ官舎に入った。

▼投書の真相

人事係長・武田は朱の決裁ファイルを小脇に抱え所長室のドアをノックした。

「武田副看守長入ります。書類をお持ちしました」

部屋に一歩入った所で、用件を述べ礼をした。

「ありがとう」

指示を与えてから一時間余りでやってきた武田を見て、野間の口から思わず感謝の言葉が出た。

着任して初めて気の利く部下の対応を見たのである。

デスクの上に置かれた看守長以上十二人分の人事記録を一人ずつ確かめながら、野間は武田にソファーに座るよう手で差し示した。

「所長、参考になると思いまして、全職員の身上調査票も持ってまいりました」

武田は、野間が顔を上げるのを待って、大きな茶の封筒から紐で綴じた分厚い冊子を取り出し、差し出した。

「ん！」

野間はパラパラとめくりながら、武田の気遣いを見た。

欄外に鉛筆で所属・係などを書き込んであったのだ。

「これは何処《どこ》にあったのかね？」

野間は冊子を持って立ち上がった。

「本来は所長が保管されておくべきものと心得ますが、亀田前所長は総務部長にお渡しになっていました」

「総務がね……」

二人はソファーに腰を下ろした。

「所長はこの拘置所をご覧になってどう思われますか？」

「どういうことだね……」

野間は一瞬、武田をいぶかった。

「率直に申し上げます。私は法務省に投書をした者の一人です。拘置所の秩序が著しく乱れております。取り返しのつかない状態になる前に自分たちの職場を守ろうとするのは当たり前のことと思うのですが……」

「投書をした者は何人もいるのか？」

「ええ、多分……。ようやく法務省が動いてくれたのですから。私だけではないと思いまして……」

「ようやく動いた!? 君はいつ頃出したのかね、その投書というやつを……」

「昨年の今頃と今年の六月です。正直取り合ってくれないものと思い諦《あきら》めていました。

多くの職員は我が身の安全と保身を計り、消極的になりました……」

「そうか、一年も前に……」

野間は武田の眼光を見て「この男は信用できる」と思った。

「――その投書の控えがあったら見せて欲しいんだが……」

「はい、お持ちしますが、状況はもっと悪くなっています」

「この目で一つずつ確かめることとするが、昨夜死刑囚監房でトラブルがあってな、中村看守部長は頑張ってくれていると思うんだが……」

「………」

武田は返事に困った。中村は死刑囚に籠絡《ろうらく》されているという噂があるからだ。今は所長に拘置所の状況を正しく把握してもらわなければならない。誤った情報を所長に与えることは避けなければ……。

「いろいろあるんだろうな」

野間は即答できない武田の心中を察した。沈黙の意味はいくつもあるのだろう。施設ぐるみの不正が暴かれれば、法務省だけでなく内閣も巻き込んだ大スキャンダルになる。

「――君はいくつになるんだ？」

「四十二歳です」

「高等科研修は受けているのかね」

「いえ、私は出世したいとは思っていませんので……」

武田は中級幹部を養成する中等科研修を修了した副看守長で、今の仕事と階級に十分満足している。

「そうか、君のような幹部が欲しい……」

野間は、武田のことを信頼できる人間だと、改めて確信した。出世欲のない者が所長に尽くすのは、この拘置所をよくしようと思っているからである。

野間は出世を目的に媚びを売り、滅私奉公する刑務官を大勢見てきた。

媚びを売られる側は、相手の真意がわからずに、自分の仕事ぶりと人間性で部下から信頼されているものと勘違いする。デキの悪い幹部ほど、自分の実力も信念もないくせに思い上がる。

曇った目に、サングラスを掛けてトンネルに入るようなものである。


刑務官にはいくつもの生き方、道の選び方がある。国家公務員で勤務地は北は網走から南は沖縄まで。場合によっては外務省に出向して海外の大使館に勤務することさえあるのだが、出世、仕事の中身、転勤の可否という三点で自分の将来を選択することができる。

看守になるための『刑務官試験』の受験資格は、年齢三十歳未満で身長百六十センチ以上という制限があるだけ。学歴は全く関係がない。

実際の合格者は高卒が圧倒的に多い。正直なところ、今の大学生は欲しくないというのが刑務所幹部の率直な気持ちである。

はっきり言って、看守として使い物にならない人間が少なくないのだ。遊んで勉強などしない今の大学生を見れば一目瞭然、アッという間に堕落《だらく》する。

反対に最終学歴中卒という看守は大体が大成する。

出世を考えれば、中等科という中級幹部養成の研修所を出て、さらに高等科という上級幹部養成の研修所を出なければならない。

いずれも入所は試験で争われる。

大変な倍率の難関である。

係長や主任として、現場の仕事をしたい人間は中等科だけを出る。事務の係長、処遇の主任として部下を持ち、実質的な刑務所の仕事を責任を持って処理することになる。

受刑者や被告人と接し、彼らの更生や処遇に直接関わる最もおもしろい仕事が係長や主任なのだ。

転勤もせいぜい二、三度、それも管区管内の刑務所である。郷里から遠くに離れたくない者、仕事に意欲を持っている者がこの道を選ぶ。

したがって、特任《とくにん》看守長――年功で特別に看守長に任命するという選考昇格――にならないかという所長らの誘いには乗らない男たちである。

特任看守長は幹部の不足に対処するため、優秀な人材を係長や主任から登用しようという制度である。

しかし、優秀な人材は転勤ができないと言って誘いを辞退する。

実際、制度の趣旨はどこかに行ってしまい、高等科受験に何度も失敗した出世志向の副看守長や中等科修了者というだけで、ろくに仕事もできない副看守長が特任看守長に昇格し、刑務所の統括や小さな拘置支所の支所長に任命されるケースが多い。

Ｎ拘置所にも処遇部門と企画部門に一人ずつ特任看守長が統括のポストにいる。

「武田君、心配するな。私は局長から特命を受けて来ているんだ。心ある者には伝えておいてくれ」

野間は、人事係長という要職にある部下を信頼できることがわかっただけで、目の前が明るくなった。

〈どうせ、幹部連中はここには長くいない。いかれた奴は春に出せばいいんだ〉

係長と主任クラスに、数人でもいい、しっかりした職員がいれば……と思い直した。

「はい。よろしくお願いします……。所長、ご参考までに一つ申し上げます」

「なんだ……」

「人事係長として、管区の職員課にはよく出掛けます。そこで得た情報です。決して他《ひ》人《と》様《さま》を陥《おとしい》れようという気持ちではありませんので……」

「わかっているよ……」

「実は、亀田前所長と今の管区長は特別な仲だったようで……。福田首席らの栄転の人事が既に動いているようです」

「ん、ありがとう。心しておく」

野間の笑顔を見て、武田はもう一度「お願いします」と明るく言うと頭を下げた。顔がほころんでいる。

野間は武田が退室するのを目で追いながら、武田の言葉を考えていた。前所長・亀田の人脈からは管区長とのつながりを予測していたものの、あの最もきな臭い福田の栄転と聞いて一つの疑念を持った。

野間は一つの施策を実行に移すことにした。

結果はどうなるかわからない。大変な危険が伴うことも確かだし、思わぬスキャンダルに発展することも予想される。

しかし、腐敗した拘置所を立て直すには、大鉈《おおなた》をふるうしかない。

野間はデスクに着くと、罫紙を取り出し2Bの鉛筆を握った。

▼総転房

拘置所長・野間駿介は処遇部門から上がってきた決裁ファイルをデスクに叩きつけた。

「なんにもわかっとらん……」

野間は、ぼそっとつぶやくと処遇部長に電話を掛けた。

「野間だが、至急、首席と来てくれんか」

「は、はい。すぐに伺います」

処遇部長・渡辺満はN拘置所職員の中では唯一のキャリアである。年齢は三十五歳、将来を嘱望されているエリートは、いいように首席ら部下に使われているようだ。

野間は、渡辺に実務の基本と上に立つものの気構えを教えようと思った。

渡辺が所長室にやってきたのは、二十分余り経ってからだった。

「所長、首席は構外のようで、見当たりません……」

「表門には聞いたのかね？」

「はあ、あのう……」

もじもじと、まるで何事にも自信のない子どものような返答ぶりである。

〈これでよく、刑務所の幹部が務まっているもんだ！〉

「処遇部長、君はN拘置所に来て九カ月だな」

「はい」

「いつまでという約束でもあるのか？」

「はい、一年と言われました」

渡辺は当然のような顔をしている。

「誰が君にそんなことを言ったんだ？」

「局の参事官が……。それに……」

「それに誰だ」

「今の管区長・坂井さんがはっきりと言ってくれました」

野間はあきれた。こんなふうに、みんなで甘やかすから、どうしようもないキャリアができるのだ。

「管区長はなんて？」

「坂井さんは、『君に拘置所を経験させるためにN拘置所に来てもらった。この一年は死刑の執行がないはずだ。まあ、一年の予定で勤務してもらう』と……」

「それで君はどう思った？」

「別に何も……」

「なんとも思わんのか」

野間は苦笑した。

——坂井は婿養子である。妻の先祖をたどれば、幕末維新に活躍した土佐藩士。妻の祖父、父に続き三代目の刑務所長を務める。妻の家系を自慢の種にするやさ男・坂井も一応キャリアだが、昔は公務員試験に甲乙があった。その一ランク落ちる乙試験の合格者で、心のどこかに、いつも劣等感があった——

定年まであと一年余り、権勢を誇った坂井一族もここで途絶えることになりそうだ。

「渡辺君、キャリアもこれからは厳しいぞ。警察官僚の不祥事が方々に影響してな……」

「…………」

渡辺は首を傾げた。

「わからんのかね。――一年で替われると思わんほうがいい……」

渡辺の顔から血の気が引いた。

十二人の死刑囚の顔を思い浮かべたのだろう。

脅すつもりはないが、人事は人が変われば白紙になるのだ。

「では、処刑を？」

「さあ……」

野間はわざと意地悪く笑ってみせた。

「――それよりも今のままでは拘置所に大問題が起きて、全員左遷になる。もちろん坂井さんもね……。他人事《ひとごと》ではなくなってしまう。私のいっていることがわかるかな……」

「はあ!?」

「処遇部長は今の拘置所の衆情《しゅうじょう》をどう見ているんだ？」

「どうって、悪いんですか？」

「渡辺君、それも……」

野間は「それもわからんのかね？」と言いかけて言葉を飲み込んだ。

この男に、現場の衆情の善《よ》し悪《あ》しを判断できるわけがない。

「渡辺君、君はどうして法務省に入ったんだ？　口が裂けても――よその省庁からお呼びがかからなかったからです――なんて言わんでくれよな……」

「………」

図星だったのか、渡辺は下を向いて顔を赤くした。

「君がこの道で今までのように、順調に歩いていきたいのなら、先ず私の指示したとおりの総転房《そうてんぼう》を実施しなさい」

野間は決裁ファイルを突き返した。

「それからな、首席をよく指導しなさい。例えば、この決裁だ。保安上の重大事項の起案だろ!?　その決裁を所長からもらうのに、説明もしないというのはどういうことだ……」

「私にも説明が……」

渡辺は、私にも説明がありませんでしたと、言おうとしたのだが、野間に言葉を制された。

「渡辺君、いちいち言いわけはよしたまえ。君はわかって印鑑を押したのか！」

野間は、およそ上に立つ者らしくない渡辺に腹を立てた。

「私はね、矯正局の保安課にいたんだよ。その所長をたぶらかすような、この計画は一体どういうことなんだ！」

「………」

「総転房の意味がわかっているのか？　明治以来、我々の先輩刑務官が苦い経験を経て作り上げたあらゆる事故の防止と事前チェックの保安原則の一つだ。看守との癒着の疑いがあれば、それを取り除くんだよ。舎房を替えれば、担当を替えることと同じぐらいの意味があるだろう。逃走もしかりだ。鉄格子に細工を施していたとしても、中断させることができる。年末の総転房は本来常識の一つなんだよ。それが、このお粗末な起案だ。私は確か会議の席上で、死刑囚監房と呼ばれている舎房を解体しなさいと、指示したね。死刑囚を分散しろと命じたんだ……」

野間は福田首席が死刑囚に籠絡されているという疑いを持っていた。

うまく丸め込んだ方法は、脅迫かも知れない。いずれにしても、あの狡猾な福田がいいように操《あやつ》られているのだから、総転房の指揮が執《と》れるわけがない。

今の処遇部門で、野間の指示通り、死刑囚監房を解体できるポストは処遇部長しかいないはずだ。

しかし、あの渡辺では……。

▼禁じられた友情

野間は所長室を出た。一階に下りると、用度課の横をすり抜け、炊場《すいじょう》（収容者の食事を作る調理場。受刑者約二十人が調理作業にあたっている）に出た。処遇部門の前を通れば、所長巡回のふれが回り、舎房は何事もないかのように取り繕《つくろ》われる。実態が隠されて見えないのだ。

今日は隠密に行動することにした。

野間は炊場の脇から第三舎の雑居に入る振りをして、手前にある食事運搬のエレベーターに乗り、三階のボタンを押した。

二階には処遇部門などの事務室がある。そこを避けて三階から一舎に行くことにしたのだ。長い三階の渡り廊下を南に向かい、一舎階段を下りた。

廊下に看守の姿は見えなかった。

野間は音をさせないように、指先を鍵に添え慎重に錠に差し込んだ。

そうとは知らず、死刑囚監房はビデオ観賞の真っ最中だった。

女の吐息が廊下まで聞こえて来る。

担当の看守部長・郷原は集会室に上がり込み、十一人の死刑囚と一緒にモザイクの掛かっていない無修正の裏ビデオを見ていた。

野間は、気づかれないように集会室の前を去った。

自分が反則を摘発してもなんの解決にもならないと思ったからだ。

下手に怒鳴りつければ、死のみが待っている囚人と懲戒解雇されると思った看守は証拠湮滅《いんめつ》のために、襲いかかってくるかも知れない。

少なくとも着任早々の所長にひれ伏す、死刑囚監房の住人はいないと思う。

野間は舎房の入り口に戻ると、扉を開け、力一杯閉めた。

バタン！

舎房に轟音《ごうおん》がとどろきわたり、窓ガラスが振動した。

「い、いじょうありません！」

集会室から郷原が飛び出してきた。

「何をやっているのかね」

野間は穏やかに問い掛ける。

「希望者にテレビ観賞をさせておりました」

「ほう……。そんなことをやっているのか……。死刑囚の特別処遇か？」

「――上からの指示で前からやっております」

郷原は顔色一つ変えずに言う。

集会室をのぞくと、テレビ画面は時代劇の再放送を映していた。

死刑囚は誰一人、野間のほうを見なかった。

一番奥の房で報知器が下りた。

一人だけ在房していた暴力団組長・朴志郎が窓の鉄格子に顔をつけ、野間の巡回を確認したのだ。

「なんだ……」

所長を先導する格好で歩いていた郷原が話し掛けた。

「あんたじゃないよ」

朴は野間と目を合わせると、頭を下げた。

「神戸ではお世話になりました。工場の区長さんをしておられる時です……」

「…………」

野間は小さくうなずいた。見たことがあるというだけで、まだ、はっきりと思い出したわけではない。

「朴志郎です。よう焼きを入れられました……」

「そうか、朴か！　広島やくざじゃったのう」

「そうです。区長さん、えろうなりよりましたな。わしゃ、うれしいですわ……」

朴は野間が使ってくれた広島弁に胸が熱くなった。

「何でこんなところに……。いや、すまん。しばらく現場から離れとったんで、お前の事件は知らんのじゃ」

「今さら言いわけになるだけじゃけ、事件は身分帳みてください……」

朴の目から涙が溢《あふ》れて来た。

野間は感無量だった。旧知の親友に出会ったような気がする。

知っている者が一人もいない、まるで敵地に来たような赴任だったが、ここで会ったことが何よりうれしい。

だが、死刑囚というのは余りにも悲しい。

野間は言葉を失った。

右手を差し出して、朴の手を握った。

郷原は呆気《あっけ》にとられ、ポカンとしている。

「担当さん、ちゃんと所長面接の願箋出してくれたんか？」

朴は野間の胸中を察して、話題を変えた。郷原の返事を聞かずに、正座をしてから野間に向かって言った。

「ちゃんと、面接室でおうてください」

野間駿介は喉が詰まって声が出せなかった。

黙ってうなずき、一舎二階の死刑囚監房を出た。一言でも何か言ったら、嗚咽《おえつ》になっていただろう。野間はだれもいない渡り廊下に出てから涙を流した。

▼首席の妻

塀の四隅にある脱獄防止用の監視カメラの一つが所長官舎の門扉をとらえた。センサーが反応して、カメラに信号を送ったのだ。クビが振られ、ズームに切り替わった。

「おっ、首席の奥さん久し振りだな……」

警備システムの監視勤務に就いた主任がつぶやいた。

モニターテレビには、所長官舎の門扉が写っている。

小柄な女がインターホーンを押し、たたずむ。

処遇部門の首席・福田三郎の妻、令子《のりこ》であった。

「奥様、処遇の首席・福田の家内でございます。お荷物は片付きましたでしょうか？　お疲れのところ恐縮ですが、年末のごあいさつに参りましたので……」

インターホーンを通して、令子は野間幸子に丁重に訪問の趣旨を告げた。

「はい、どうぞお入りになってください」

幸子の機嫌は毎日上々だった。

年末の慌ただしい時期の引っ越しだったが、一夜明けてみると、環境はガラッと変わっていた。

東京では、夫が中央官庁の課長補佐だと胸を張ってみたとしても、単なるホワイトカラーのサラリーマンに過ぎなかった。幸子は公務員宿舎で普通の妻を演じていた。内向的で友だちもできない幸子は官舎生活のストレスを夫への暴言や暴行で晴らしていたのである。

それが、西に下っただけで、施設のファーストレディ扱いである。

連日、部課長の妻がご機嫌伺いにやってきて、荷物の片付けや、街の案内、観光名所の見学に誘ってくれる。

歳暮の品も沢山届くのだから、すっかりいい気になっていた。

亭主の役職の序列が夫人の間でもそのまま反映される。

「所長様には、これから格別のお引立てをいただきませんと……。気持ちだけでございますが、ご挨拶に伺いました」

令子は神妙な顔をして、紫のふくさを開き桐の小箱を取り出した。

若いが世の裏もよく知っている令子は、夫が急に落ち込みだしたのを見て、案の定、新所長とうまくいっていないことを見抜いた。

上が変われば、こちらも気持ちを切り替えて付き合っていかなければならない。そんな単純な世渡りが夫・福田三郎にはできないのだ。亀田史郎という太い出世のパイプに取りついたと思って安心しきっていたのだろう。

「福田さん、これはご丁寧《ていねい》に……。お上がりになりませんか？」

商品券の重さに、幸子は一瞬戸惑いを見せながら月並みな言葉を並べた。

令子は幸子の表情を見逃さなかった。

〈今回ばかりは、びっくりさせるほど高額な付け届けをしなければ意味がない〉

令子はデパートの商品券売り場で千円券を百枚包ませた。

「主人は口下手《くちべた》ですが、野間所長さんのために滅私奉公《めっしほうこう》しますと申しておりますので、どうぞよろしくお伝えくださいませ」

「はい、確かに伝えておきます」

幸子は、礼儀を心得た立ち居振る舞いをする令子を見送った。着任した日に官舎回りをした際、夫の福田三郎を見ているのだろうが、全く記憶にはなかった。

＊

十一月半ば、福田三郎は亀田から来春の異動先について聞かされた。

「私は来月異動になるが、君の行き先も頼んでおいたからな……」

「はい、ありがとうございます。東の方でしょうか？」

「ああ、Ｆ刑務所の首席に推薦しておいた。多分だいじょうぶだろう。奥さんは、東京をどう思うかな」

「それはもう喜びます……」

刑務所幹部にとって、東京で勤務することは将来の出世を約束されたようなものである。

福田はキャリアの亀田に取り入ったことを正解だと思った。亀田は、これからの刑務所界を背負うリーダーになる。

福田は四十七歳、出世のスタートは遅れたものの、亀田という太い綱にしがみつけば刑務所長も夢ではない。

有頂天になっていたのも無理はない。

力も人脈も亀田前所長は申し分なかった。思わぬ所長の更迭があったものの、亀田の腹心を気取っていた福田は、後任の野間駿介をないがしろにした。

その重大な過ちに気づいたのは、会議の席上だった。

「法務省の人事の話を君たちにしておこう」

会議の途中で野間はおもむろに部課長ら会議メンバーを見回した。野間が管区長からも嫌われているという噂も手伝い、会議にやる気のない空気が漂っているのは誰の目にも明らかだった。当たり障りのない報告に終始していたのだ。それが、人事という言葉を聞いただけで、看守長以上十二名の背筋が伸び、トロンとした眠そうな目はパッと見開かれた。

「…………」

野間は薄笑いを浮かべた。

〈現金な奴らだ、人事と言っただけで態度をコロリと変えおる〉

「十二月初旬に行われる全管区の一部長協議会で、ほぼ決まった時代もあった。しかし、今は違う」

野間は福田を見た。

この男だけは、下を向いて居眠っていた。

「一般には、こういうことだ。まず、十月に矯正局人事担当で翌年四月の定期人事異動の大臣発令、つまり部長以上の案を作る。これは、予算編成にもつながるので大事なことだ。次にそれを受けて、管区で課長以下の幹部の案を作り、十二月の一部長協議会、翌年早々の管区長協議会で決定すると言われていた。しかし、最近は局長らの意見で大幅に修正されることが多くなった。――おい、首席聞いているのか！」

野間は、船を漕ぎ出した福田に大声を浴びせた。

殺気《さっき》立った迫力のある大声に会議メンバーは、いっせいに腰を浮かせた。

「まあ、覚悟の上なんだな。福田首席、当N拘置所の来春の定期人事異動の人事は白紙に戻った。これからだ！　矯正局長とホットラインが結ばれた。君たちの人事は私が決めることになる。前所長も管区長も関係がないということだ」

「…………」

寝ぼけ眼《まなこ》で目を白黒させて、福田は隣席に座っていた部下の統括に説明を求めた。みるみる顔を青くする福田を見て、野間は席を立った。

夫から事情を聞いた福田の妻・令子は、独自の行動を起こした。それが、野間の妻への高額の商品券の贈与だったのだ。

▼所長面接

死刑囚監房を一気に解体しようとした野間だったが、すんでのところで思い止まった。処遇部門の指揮命令系統が機能していないのだから、取り返しがつかないことになるのは目に見えている。

刑務官会議の席上、野間は幹部を前にして、刷新の決意を示すことにした。

N拘置所に蔓延《まんえん》している根の深い不正と堕落を、目の前に涼しい顔をして座っている幹部連中は認識していないのだろう。

「処遇部長、総転房の起案はいつできる？」

野間は会議の冒頭に切り出した。

「明朝までには……」

〈難しいことではない。転房の基準を示せばいいものを、明朝だと！　とぼけたことを言いおって。手つかずなんだろう〉

野間は渋面《じゅうめん》を作った。

「明朝？　まだ手をつけておらんのだな」

「はー、はあ」

処遇部長・渡辺は顔を赤くした。

首席矯正処遇官・福田は、目をテーブルの上にある執務記録帳に落として微動だにしない。

お鉢《はち》がまわってこないようにと念じているのだろう。

「首席……」

野間は、福田に話の先を向けた。

「年末の総転房は毎年やっていることだろう。本来は君の仕事じゃないのかね」

福田はペンを握った手を震わせて顔を上げ、野間を見た。

野間はおかしくなって吹き出しそうになった。

福田は人事が振り出しに戻ったと告知してからは、反抗的な態度はどこへやら、すっかり借りて来た猫のようにおとなしくなったのである。

〈こんな奴はとことん苛めたくなる〉

いじめっ子の心理と、いじめられっ子の条件がわかったような気がした。

「はあ……。申し訳ありません」

「まあいい、刑務官としては君の方が経験も実績もある。修羅場《しゅらば》もくぐっているのだろうから、処遇部長にしっかりとアドバイスを頼んだぞ」

「はい」

福田は小声で返事をすると、仕方なくといった感じで頭を下げた。

「処遇部長、死刑囚十二名を各舎に分散するのは、今回は見送ろう」

福田にふっと安堵の色が浮かんだ。

「はあ……」

「とりあえず舎房をそっくり入れ替えてくれ」

「舎房をですか？」

「ああ、一舎二階には集会室があるだろ。あれがいかんのだよ」

「そうすると、テレビはどこで……」

「当分禁止だ。見せるな」

野間は渡辺と福田の表情を追った。渡辺は「禁止!?」とすっとんきょうな声を上げて福田の顔を見た。

「当たり前じゃないか。死刑囚監房にあるビデオテープは誰が持ち込んだんだ……。レンタルビデオだろ？」

指導担当の統括に聞いた。

「はい。毎週借りにいっています」

「あんなアダルトビデオを貸しているのか……」

会議メンバー十二人は呆気にとられた顔をして野間を見た。

「君たちは知らんのか!?」

誰も返事をしない。本当に知らないようだ。

「首席、捜検《そうけん》（検査、捜索をするという意味の刑務所用語）をしよう」

渡辺が言った。

「会議が終わったら、職員を集めて抜き打ちで調べてみます」

警備隊長を兼ねる第二統括が勇んで声を張り上げた。

「慎重にやるんだ。担当が関わっているとすれば、舎房には置いてないだろう」

「………」

野間の言うことはいちいち筋が通っている。

法務省が長かったので、現場のことを知らないだろうと嘗《な》めていた幹部たちは面食らった。

「ではどうしましょう。様子を見ますか？」

「連中も馬鹿じゃない。テレビを禁止すればわかるはずだ。じっとこちらの出方を見守るだろう……」

「どういうことですか？」

「着任したばかりの私に聞くことか？　それは、君たちが考えろ」

野間は囚人の動静をひとつも把握していない幹部連中に失望した。

〈何かが狂っている。いつからこんなデキの悪い幹部ばかりになってしまったのだろうか……。処遇部門の責任者である福田が死刑囚の巧妙な罠にかかって脅され、ふぬけにされていたとしたら〉

野間は重大な事に気づいた。死刑囚のたくらみは想像を絶するものがある。手荒い手段が必要になるかも知れない。

死刑囚・見上哲《けんじょうさとし》は願箋《がんせん》を小机の上に置きボールペンを握った。代理面接では困る。所長に直接話をしなければならない。

〈さて、何と書くか〉

いざ、書こうと思ってもなかなか言葉が浮かんでこない。

見上は報知器を出した。

「見上、なんだ？」

「てめえ誰にもの言ってんだ。もっとまともな言葉を使え」

「何だと……」

返事を待たずに、扉に鍵が差し込まれた。

カチッという耳慣れた音がして、鉄の扉が引かれた。

目の前に立っていたのは、見慣れぬ主任だった。

見上は、てっきり舎房担当の郷原だと思って喧嘩腰の言葉を吐いたのだ。

「見上、お前よくもでけえこと言ってくれたな！ おう、被害者に成り代わってきっちりやらしてもらおうじゃねえか」

「あ、あんたは誰だ。郷原担当は……」

「郷原にはそんな口きいとるんか、えっ！」

「い、いや違う……」

見上は言葉をつなげない。圧倒的に主任の迫力が上である。

眼光鋭く、胸板の厚いガッチリとした体格をしている。

「主任さんは、どこからいらしたのですか？」

「どこから来ようとお前には関係ないだろう。言葉遣いには気をつけろ」

「はい、どうもすみませんでした」

「お前さんの出方次第では、早く吊《つる》していただきたいとお願いもできるんだ」

「そ、そんな……」

「情けねえ顔しやがって、蒼《あお》くなって震えとる。ところで何の用だ」

「はい――願箋の書き方です……」

見上はまた怒鳴られやしないかと、おそるおそる言った。

いつの間にか、正座をして背中を丸めている。これがあの自暴自棄になる一歩手前の死刑囚か？　と信じられない変わり様である。

「続けろ」

「所長面接の願箋を書いているんですが、いつも代理で首席や統括が出てきます。それじゃ嫌なので、今回ばかりはどうしても所長さんと会って話をしたいのです」

「ちゃんとしゃべれるじゃねえか」

主任はニッと笑って扉を閉めた。

「あ、あの……」

「何を話したいのかちゃんと書いておけ。それを見てから俺が判断する」

主任は房の前から立ち去った。

〈いったいあいつは誰なんだ。今度ここの主任になったのか!?〉

見上の胸は騒いだ。立ち上がると、窓の鉄格子に顔をくっつけ、舎房の廊下の様子をさぐった。

主任がゆっくりと歩いていた。大きな背中が見上を圧倒する。

「野郎、いるじゃねえか！」

見上は小声だが迫力たっぷりに吐き捨てた。

担当台には、確かに郷原がいる。しかし引き出しを掻《か》き回している表情はさえない。

「クソッ」

見上には、おおよその察しはついた。所長が巡回した時に郷原は死刑囚と一緒にテレビを見ていた。その事が原因で担当が替わるのだろう。それにしても、主任まで替わるとはどういうことだ。

新しい主任・海堂武志《かいどうたけし》は三十七歳、会計課の隅に追いやられ冷や飯を食わされていた男である。管外の某刑務所で鬼の主任と恐れられていた。工場を巡回中に五人の囚人の襲撃に遭い、乱闘の末一人を死に至らしめてしまった。

海堂自身もノミで脇腹を刺され、一カ月の重傷を負った。誰の目にも素手で闘った海堂の正当防衛に見えた。

しかし、海堂は書類送検されてしまった。結果的には不起訴になったが所長から辞職を勧められた。

海堂は怒った。

命懸けで仕事をして来た部下に言う言葉か、と反発した。

「私は辞めません。どうしてもとおっしゃるのなら、出るところに出ます」

この一言で、辞職勧告は取り下げたものの、ひと月後には一千キロ離れたN拘置所への転勤が発令された。二年前のことだった。

野間は海堂の人事記録を見た時に戦慄《せんりつ》を覚えた。法務省時代にこの事件の報告を受けてよく覚えていたからだ。

〈表彰ものの主任がこんな酷《ひど》い処遇を受けていたとは……〉

野間は絶句した。

所長引継ぎ書に、トップシークレットの記載がある。大して気にも止めていなかったのだが、確かに、

――主任・海堂は暴力沙汰多発。被収容者と接しない場所で勤務させること――

という引継ぎがなされていた。

野間は、決断した。

〈海堂を置いて適任者はいない〉

ついに配置換えを言い渡したのだ。

▼立て直しのパートナー

午前九時、舎房の入り口が開いた。

革靴の確かな足音が聞こえ、数歩で止まった。

第一房は出入口から五メートル余り、見上が収容されている房である。

「見上、出房《しゅつぼう》だ」

死刑囚監房の主任・海堂武志の低い声が聞こえた。

一瞬のうちに見上は血の気を失った。

「見上、服装を正して出てこい」

静かで冷やかな言い方が恐怖の追い討ちになった。

さては、処刑か！

見上はあんぐりと口を開けたまま、動けなくなった。腰が抜けてしまったのだ。

容赦なく扉が開かれ、重戦車といった雰囲気の海堂の体が目の前にあった。

わなわなと震えている見上を海堂は見下ろした。哀れなもんだ。横柄な態度、喧嘩腰でものを言うわがまま死刑囚も一枚皮を剝《は》げば、このざまだ。

こんな奴に担当看守だけでなく、幹部までもが、腰抜けになって機嫌を取っていたのか。

〈死刑囚でなければ笑い飛ばしてやるのだが……。命乞いをした被害者の気持ちがわかったか！〉

海堂は、口には出さなかったが、この姿を被害者に見せてやりたいと思った。

「見上、面接に行くのにそんなに緊張することはない」

海堂は静かに言うと、靴を脱いで房内に入った。

見上の後方から脇の下に両手を差し入れ、持ち上げると、膝を腰に当ててカツを入れた。

前日、野間は矯正管区長を訪ねた。

主任・海堂の処遇部門への配置換えには管区長の辞令が必要なのだ。主任ポストの任命権者は管区長、内部異動であっても配置換えは辞令を交付しなければならない。

キャリアの管区長・坂井正は高卒で叩き上げの野間を蔑《さげす》み敬遠していた。同じキャリアの前任の拘置所長・亀田を可愛がり、一の子分のようにしていた。坂井は着々と、荒れた拘置所を立て直している野間が腹立たしくて仕方ないのだろう。「拘置所長が緊急の要件で面談を求めている」と総務課長から報告を受けると、苦虫を噛み潰したように渋い顔をした。

「野間が何の用だ？」

と言い放ち、散々悪口雑言を吐いて総務課長を困らせた。

「管区長と何かあったんですか？」

総務課長は面談時間の指定を連絡する際、野間に聞いた。

「私には心当たりがないのですが、ご機嫌が悪いんでしょう？」

「はあ、まあ……」

「お気になさらずに総務課長。仕事ですから好き嫌いは言っておられません」

「本省時代にも何も？」

不可解な坂井の態度がどうしても気になるのだろう、総務課長は重ねて訊くと首をかしげた。

野間は海堂をつれてまず、第二部長を訪ねた。保安警備を担当するトップに拘置所の実情を理解させ、同時に窮地を救うのは、四人の前に絶対に出すなと封印され会計課の片隅で干されている主任・海堂を置いて他にいないことをわからせるためである。第二部長は保安課長と係長を呼んだ。海堂の臨場感ある話は事態の深刻さを生々しく伝える。

「そこまでひどいのか！　こんなことが表に漏れたら……」

第二部長は青褪《あおざ》めた。

間違いなく大不祥事である。その責任は当然管区にも及ぶ。

野間はうろたえた管区職員を見て腹の中で笑った。こいつらは我が身のこと――保身しか考えておらん。

野間は海堂を残し、管区長室に向かった。

坂井は管区長室のデスクに反《そ》り返って目を閉じていた。いつの間にか居眠りをしていた坂井はノックにあわてて目を開けた。

「失礼します。拘置所長・野間駿介入ります」

「ああ野間君か、何だね」

坂井は椅子に反り返ったまま言った。

応接用のソファーに移ろうという気配はない。

〈立ったまま話せということか！〉

野間は、部下に報告を求めるような坂井の無礼な態度に腹を立てた。

「当N拘置所の規律びん乱の事態は極めて深刻であります。その報告と人事異動の要請に参りました」

「………」

坂井は軽くうなずいただけだった。

「管区長、このままではマスコミへの記者会見の準備も必要かと推察いたします」

「マスコミ!?　どういうことだ」

坂井は冷静を装いながらも、心中はただならぬものがあるのだろう。立ち上がるとソファーに向かった。

「君も座りたまえ」

「失礼します」

野間は内ポケットから四つに折りたたんだ罫紙を取り出した。

「当職はただ今、第二部長、保安課長に当拘置所の現状を報告して参りました。引き続き主任矯正処遇官に詳細を報告させておりますが、事態は極めて切迫しております。ついては、矯正局長への報告を……」

「何、局長に報告？　誰の指示だ」

「管区長もご存知のことと思うのですが、私が拘置所長を命じられるに当たって、局長から直々《じきじき》に指示されたことがございます」

野間は坂井の反応を待った。

坂井はようやく野間の顔を正視した。

「――そろそろ報告をいたしませんと……。今までは予想以上の混乱に改善策と方向性を見出せなかったものですから。ところで管区長はN拘置所の実情について、どの程度報告を受けておられますか?」

「それは君……。過日、局長に報告したとおりだよ。おとなしい亀田君では傷口を深くするだけ、だから更迭をお願いした」

「実は管区からの報告以外に、匿名の投書なども多数届いておりまして、まず真偽を確かめるようにと……。しかる後に配置換え、応援派遣等の方策を採るという方向で協議を重ねてから赴任したのであります」

「それで……」

「事態は正規の報告とはほど遠い有様で、騒乱が起こっても、あるいは看守のボイコットがあっても不思議ではない状態です。ここまで放置されていたのは、ひとえに管理責任かと……」

「管理責任!? それは君、私に向かって言っておるのか?」

「いえ、管区長個人ではありません。ただ、管区の責任は重大かと……」

「報告書は管区を経由するんだろうな」

坂井の動揺は表情に表れた。不安と怒りが眉間と口元のしわになり、顔色も土気色に変わって来た。

「管区長、私は看守からここまで上って来た男です。刑務所の世界の人間関係も掟も知っております。局長に報告すれば、違法行為があるのですから、地検から検事が乗り込んでくるでしょう。何とか検事の手を借りずに自力で事態を収拾したいと思っておりまず」

「ということは野間君……。まだ報告はしないということかね」

「管区の協力が得られれば、まだ何とか解決の道が……」

「そうか……。腹案は？」

坂井は反り返った状態から上半身を起こして座りなおし、野間を見た。

管区長との直談判は寝ずに考えたシナリオの通り、事が運んでいる。野間は緩《ゆる》みそうになる表情をキリッと締めた。

「人事異動と一部収容者の一時的な移監でまず対応してみましょう。これで駄目なら第二段階を再度考えるということにしたいと……。いかがでしょうか」

「ふぅむ」

坂井は、自らの経歴に傷をつけたくないと思った。野間に報告を思い止まらせるには、ひとまず野間の意見に乗るしかない。

「年末年始ですから、最小限の手当で……。よろしいですか」

「ああ」

「管区長はうちに、受刑者を死なせた主任がいることをご存知ですか」

「いや知らん」

「海堂武志と言います。二年前管外の○○刑務所からやってきました。現在三十七歳、代々の申し送りが収容者と接しない箇所で勤務させること、となっております。要するに、冷や飯を食わせて自発的に辞めるようにもっていけということでしょう。管区長、この男を処遇部門に配置換えしたいのです」

「申し送りを破るのか？　海堂とやらは、どんな男だ……」

「事件は当時、法務省から保安情報として各庁に詳細を送っていますから記録を調べてください。簡単に申せば、工場主任として木工場を監督巡回中に五人の囚人の襲撃に遭い、乱闘の末一人を死に至らしめてしまったという事件で、海堂自身もノミで脇腹を刺され、一カ月の重傷を負っています」

「その男が君のところにいるのか、それを処遇部門に配置換えせよというわけか。それとあと何だ？」

「年内はこれだけです」

「それだけ⁉」

坂井は海堂の配置換えを快諾し、直ちに職員課長に辞令を作らせた。

野間は矯正管区を出ると合同庁舎地下のレストランに海堂を連れて行った。

海堂は復権した喜びに、野間に粉骨砕身尽くすことを誓った。

「なあ、海堂君、これはビジネスだ。割り切った方がいい。窮地を脱するために僕は君を使う。知ってのとおり、この世界は一、二年で転勤を命じられる。僕が居なくなった後の面倒まで見れない。利用するだけ利用してポイということにもなり兼ねない……」

「所長、そのお気持ちだけで十分です。やりましょう。締め上げるんです」

野間は手を差し出した。海堂の肉厚の大きな手と握手をする。

海堂は思いつくまま、立て直しに必要な建言をした。

死刑囚との面接はその手始めである。

三日間の予定で死刑確定四十二人全員と面接をすることにしたのだ。


企画部門にある委員面接室では、既に拘置所長・野間駿介が海堂に連行される見上哲を待っていた。

野間は判決謄本を再度開いた。

〈おそらく一年以内にこの男は処刑されるだろう。自分が犯した罪を今どう思っているのか、そこに処遇の原点がある〉

見上は強盗に押し入った先で、母と娘を強姦、殺害し、証拠を消すために家に火をつけていた。

▼死刑囚の処遇

既に死刑囚・見上は海堂の気合いに気後れしていた。ごねれば頭を撫《な》でにやって来た今までの処遇部幹部とはまるで違う。嫌味《いやみ》の一つでも言ってやろうと所長面接の願箋を書いた時の高ぶった気分は微塵《みじん》もなかった。

「はいれ」

海堂の低い声に恐怖を感じた。

今まで何度も入室したことのある面接室。笑顔の幹部が、よくぞ来た、とばかりに迎えた部屋だったが今日は違う。肌を刺すような空気が充満していた。

所長の顔を見た。目が合った。

すきのない、鋭い視線に心の中まで見透かされそうになった見上はあわてて下を向いた。

「気をつけ！」

海堂の号令が飛ぶ。

「しっかり指先まで伸ばすんだよ」

ビクッとした見上はしたたかに手の甲を叩かれた。今までの見上なら「暴行したな！訴えてやる！」と騒いでいたはずだ。しかし、海堂には恐ろしくて何も言えない。

ムッとしたものの、すみませんと謝っていた。

「もう一度……。気をつけ、礼」

海堂の声に、背筋をピンと伸ばし、そのまま腰を引いて上体を前傾させた。ひと呼吸待って顔を上げ気をつけの姿勢に戻る。

緊張のあまり頭からスーッと血が引いた。軽いめまいに襲われる。

「称呼番号《しょうこばんごう》、氏名」と海堂の指示。

はっきりと大きな声で「一〇一〇《いっせんじゅう》番、見上哲です」と言った。

「掛《か》けなさい」

所長が静かに言う。

見上は「失礼します」と言って折りたたみのパイプ椅子に腰を下ろした。

海堂に怒られないように必死になっている自分の姿が情けない。心の中では、居直るチャンスを待っているんだ、と強がってみた。

所長・野間駿介は話し始めると紳士的で言葉遣いも丁寧だった。

〈どんな所長でも死刑囚には気を遣うんだ。この人が厳しいのは部下にだけかも知れない〉

見上は少しずつ自分を取り戻しはじめていた。海堂が部屋から出て行った。

〈俺が素直《すなお》にしていたからだな〉

背中に感じていた重圧がきれいになくなっていた。

「何か困ったことは？」

「はあ……」

見上は、所長が何を聞きたいのかわからなかった。

「――どういうことですか」

「困ったことはないかと聞いているんだが」

野間は笑顔を見せた。

何でもいいのかな、見上は急に厳しくなった処遇について話してみようと思った。

「所長さん、つい最近になってからなんですが、テレビが見られなくなったり運動時間が短くなったりして困っています。もう何年も前から認められていたやり方が急に駄目って言われると、ストレスがたまって……」

「ほう……、ストレスね」

笑顔はくずれない。

「イライラしますよ。見たくない看守の顔ってあるんです」

「そうか、よくわかるよ。ところで君は今どんな気持ちでいるのかな」

「どんな気持ちって!?」

「決まっているだろ、自分の立場をよく考えてみろ」

所長の笑顔は消えた。

「何ですか、そんな言い方はないでしょう」

見上も負けてはいなかった。相手は所長だ、めったなことはしないだろうという思いがあった。

「見上、十五年前のことだ」

「ふん」

聞こえるか聞こえないかの声で逆《さか》らってみた。

「ここにいる原因になったことだよ」

「事件のことですか、そんなもん拘置所の人間に話す必要はないでしょう。裁判所で死刑を宣告されたんだ。もう何を言ってもしょうがない」

見上は怒りに震えていた。裁判のことを思い出すと自分が悲劇の主人公になる。

俺は検事と裁判官に長い時間かけていじめられたんだ、弁護士だってすべてを承知だったのかも知れない。大体、俺が喜ぶような弁論は、被害者や世間にとっては腹の煮えくり返るようなことばかりだ。

「被害者に対する気持ちはどうなんだ」

「死刑じゃなけりゃ、いくらでも謝《あやま》ってやる。しかし所長さん、俺は間もなく処刑されるんだよ。命で償《つぐな》うんだからな、こっちも被害者だ」

「そうか……」

所長の声は小さかった。

見上はひとときも考えたくない事を言われて頭に血が上って来た。

「俺は死ぬんだ。ここであんたらに殺されるんだよ！」

声が震えた。

▼被告人を死刑に処する――

見上が事件のことを言われて思い出すのは、いつも決まって一審の判決だ。弁護士は国選だったが、よく面会にも来てくれた。両親が離婚した生い立ちの不幸、少年期に嫌というほど体験した差別など、犯罪者に追い立てられて行った情状を小気味よく弁論してくれた。

最悪でも無期懲役だろう、まあ懲役二十年というところではないかと見上は判決にのぞんだのだ。

判決を聞いてまず感じたのは、何かの間違いだろうという気持ちだった。

しかし、最後まで裁判長の口から「懲役」という言葉は聞かれなかった。

見上が死刑の判決を受けたことを実感したのは拘置所に帰ってからだった。看守の気の遣いようといい異様な空気が漂っていた。独房に戻ると首席がやって来て、「気を落とすな……、弁護士とよく相談するんだ」と言った。今まで口をきいたこともないのに、しらじらしい奴だと返事をする気にもなれなかった。

間もなく主任が警備隊を連れてやって来た。

「転房だ、私物をまとめろ」

「どこへ？」

「…………」

主任は返事をしない。見上はここで初めて、恐怖に襲われた。

「まさか、死刑囚監房か？」

「さあ、早く」

主任は無表情で言うと腕組みをした。

カメラ付きの房に転房させられタオルに敷布、布団と毛布の襟布まで引き上げられてしまった。

「何するんだ！」

「事故防止のために引き上げる。決まりだからな」

「事故防止？」

〈ははあーん、俺が首をくくって自殺でもすると思っているんだな〉

見上は腹立たしい思いをしながらも、どんどん気力が失せて行くのを自覚した。

やがて何も彼もが信じられなくなっていく。

控訴審でも判決は覆《くつがえ》らなかった。

ついに弁護士に対しても、あれは茶番劇だったのではないかと、不審をいだきはじめた。

被害者だ！――裏で検事と裁判官と示し合わせているんだ、俺こそ国家権力によって抹殺される

見上のこの思いを決定的にしたのは、クリスチャンを名乗る三人の女の出現だった。

死刑囚はかわいそうという女たちは、見上をまるで十字架を背負い引っ立てられて行くイエス・キリストとダブらせて見ていたのだろうか。

彼女らが恵まれない死刑囚への支援を呼び掛けると、アムネスティや死刑廃止運動をしている市民団体が反応し、彼らの支援を受けることになった。

一躍、強盗強姦殺人犯・見上哲は悲劇の主人公になり、神の子になった。そして事件のこと、被害者とその遺族の無念には一切触れない、慈悲深い宗教者と市民の励ましの言葉は、見上を差別と国家権力に立ち向かう英雄にしてしまったのだ。

「おい、見上、殺されるとはよくも言えたもんだな」

「…………」

「お前に凌辱《りょうじょく》され殺された人たちのことはどうなんだ」

「だ、だから……」

もう言葉が続かなかった。目の前の所長は鬼のような形相に変わっていた。

「だからなんだ！　命で償うから何とも思っとらんと言うのか」

「何とも思っていないとは言っていない。それより所長、あんたの口のきき方はいった

い何なんだ。偉そうにするな！」

「見上、お前の命など奪っても誰も喜ばん。被害者もしかりだろう。それより我慢ならんのは、文句を言いたい放題でのうのうと生き長らえていることだ。反省も悔悟《かいご》も謝罪の気持ちもないとしたら、お前を生かして来た拘置所の処遇が間違いだったということになる。お前みたいな死刑囚がいる限り、死刑はなくならんだろう」

「反省したら命が助かるのか？　そんなことはないだろう」

「お前が殺した人たちの最期を思い出してみろ、見上！」

「くそっ！」

見上は椅子を後ろに飛ばして立ち上がった。

野間は仁王立ちになって見上を睨みつけた。

「お前の毒牙にかかったのは、この事件の被害者だけではないだろう」

「ヤロウー！」

見上は両手を上げてつかみかかった。

野間の経験では、性犯罪を犯した者には必ずと言っていいほど余罪（追及されていない事件）があった。

しばらくもみ合った後、見上は駆けつけた海堂らに取り押さえられた。

革手錠を掛けられ保護房に入れられた見上は、寒さに震え、房内を歩き回った。時々大声を出しながら扉を蹴った。

しかし、誰も来なかった。

四日目に手錠がはずされた。

見上は房の中央に正座をして手を胸の位置で組んでいた。

見上が逆上したのは余罪のことをズバリと言われたからだろう。

「もっと苦しめ、苦しんで苦しんですべてを吐き出すんだ」

野間は処遇部門のテレビのモニターを見てつぶやいた。

「海堂君、見上にはまだ見込みがある。救ってやってくれ」

「あいつ、あれでかわいいところもあるんです。真っ当な人間にしないと被害者に申し訳ないですからね」

海堂が答えた。

死刑囚監房の立て直しは見上を手始めに、はじまったばかりである。

腐敗の実態の把握、職員の関わり、幹部の配置換えなど、乱れた拘置所の立て直しには、やらねばならないことが山ほどあった。

見上哲は一年後、死刑台に上った。

主任・海堂に心を許した見上は、過去の罪をすべて「死刑台からのメッセージ」という遺言に認《したた》めた。この中にはすでに時効になっていたが、迷宮入りの強姦事件と殺人事件についての告白が含まれていた。


（了）

第五章　殺人犯、その裁きの現場

被害者・遺族が聞いてあきれる
極悪人たちの素顔

罪悪感はきわめて稀薄

猟奇殺人鬼、強盗強姦魔、狂気のストーカー殺人など、重大事件が起こるたびに犯人に対する憎悪をこめたキャッチフレーズが飛び交う。

人間には誰しも長所短所があるが、飲酒、異性、禁句などの刺激によって周囲が想像もつかない異常行動をとることがある。

「異常性格者」だ、「鬼畜」だと言われた拘置所にいる犯罪者も、見た目は普通の人間である。

「これがあの極悪事件の犯人!?」

と驚くほど礼儀正しい者もいる。人間とはおもしろいもので、拘禁されて外界の刺激がなくなり、衣食住が安定すると、ごく普通の平和な生活を送るようになる。

テレビがないのでワイドショーなどの情報番組で流されるコメントは一切耳に入らない。つまり、巷《ちまた》の非難する声、被害者遺族の声など何も聞こえてこないのだから、罪悪感は稀薄である。しかも拘置所の時間はゆっくりと流れるように感じられる。刺激がないのだから、自宅でくつろいでいるような休日気分になる。

週二回の購入日には、お菓子、缶詰、パン、コーヒー、カップ麺などを買い込み、アダルト系の雑誌や週刊誌を定期購読する。雑居房に入った被告ならば、お菓子をボリボリ食べながら、同室者と自慢話に花を咲かせる。裁判のめんどうくさいことは弁護士にまかせ、おしゃべり三昧の一日を来る日も来る日も送っているのである。

強盗強姦殺人犯のふてぶてしさ

強盗強姦殺人犯Ｆの裁判出廷。綿密な警備計画が立案された。

警備計画といっても逃走の防止といったことではない。

マスコミのカメラから被告を守れ！　これが最重要課題である。マイクロバスを建物に横付けし、通路に刑務官の人垣を作る。不足部分はシートを使おうということになった。

当時は連日テレビのワイドショーで放映された有名事件だったのである。

さあ、裁判の日。朝早くから報道各社が拘置所の前に押しかけ護送車の動きを見守っていた。裁判所もしかりで、正門と通用門、裏門にまでカメラマンが待機している。

「普通に連行すればいいじゃないか。被害者は親子関係や学校の成績まで、容赦なくプライバシーを暴かれ、写真も沢山撮られている。なんで犯人を守るんだ！」

ある職員からもっともな意見が出た。

「しかしな……、そうはいかんのだ。拘置所がわざと写させたのなんのと弁護士会あたりから苦情がくる。それだけじゃない。うちだけ無防備で写真に写されてみろ、管区や法務省からもお叱りがくる。被告人の人権は、それはそれは大切なものなんだ……」

「加害者の人権を国家が守り、被害者や被害者遺族は傷つきっぱなし！　許せんですよ」

まったくその通りだ。

当然ながら、Fは被害者遺族をはじめ、関係者から恨みを買っている。

裁判所も、万が一のことを考慮に入れ、被告人の位置を傍聴席から離し、弁護人席の前にした。

二人の刑務官がFをはさんで入廷した。他にも刑務官が二人、傍聴席との間に立ってFに危害が加えられないように警備している。

Fにはどう見ても反省の色はない。顔をゆがめ、ふてぶてしい態度をとり続けた。

約一時間で閉廷。この日、被告人Fはついに一度も傍聴席を見なかった。

「せめて、謝罪の気持ちを表情で表してくれれば、こんな悲しくて悔しい思いをしないのに……」

と、被害者の母は涙を流し、警備に当たった刑務官に詰め寄った。

「お気持ちはわかりますが」

「何がわかるんだ！」

刑務官の返事に父親が怒鳴った。

「あんたら、犯人を四人でしっかりガードしとったじゃないか。こっちは娘の写真も位牌も持ち込めないんだぞ！」

「お気持ちは……」

「なにがわかるんだ。この手で殺してやりたい気持ちを……」

法廷は真実を知ろうとする遺族が勇気を奮い立たせてやって来る場所である。そこは唯一犯人を見ることができるところでもある。刑務官に守られ、裁判官からも気を遣われている犯人の姿が遺族をさらに悲しませるのである。

死刑判決に不敵な笑みを浮かべる強盗放火殺人犯

店長に金庫を開けさせ、現金と貴金属をカバンに詰め込んでから店内にガソリンをまいて火を放ったS。

何食わぬ顔で人通りの途絶えたアーケードに出て小走りで走り去った。深夜の商店街に上がった火の手に消防車が急行。類焼を防ぎ、火は消し止められたが、焼け跡から店員三人の遺体が発見された。

この男、拘置所にやって来たときは松葉づえをついていた。自ら放った火で足にやけどを負っていたのである。

Sはやたらと文句が多い。飯がまずいの、おかずが悪いのと二日と空けずに食事のことで悪態をつく。ある日、「痛い痛い！」と大声を出した。痛み止めを与えると薬を投げ捨て、

「ばい菌が体中に回って死んだらどうする。足を切断しなければならなくなったらどうやって責任を取るんだ！　早く病院に連れて行け」

と怒鳴った。医師が呼び出された。大したことはないという診断。

しかし、Sは「拘置所のヤブ医者になにがわかる！」と詰め寄った。

死刑判決しか考えられない事件の〝有名人〟だからあまりきつくできないと、仕方なく大学病院に運んだ。

治療を終えて出てきたSは車椅子に乗っていた。以後一審の裁判が終わるまでの一年余り、Sは車椅子に乗り続けた。裁判のときは刑務官が押して行く。

刑務官は、まるで介護職員。法廷でかいがいしく面倒を見る刑務官の姿に遺族はふん

まんやるかたなかった。さらに、裁判では終始殺意は否定。反省も謝罪の言葉もなかった。挙げ句の果てには、傍聴席の遺族たちをにらみつける有様だった。

判決は「死刑」。しかし、Sは不敵な笑いを浮かべた。

控訴してT拘置所に移送の朝、

「殺意はなかったんだから、二十年もしたら帰ってくるよ」

という言葉を残して護送バスに乗り込んだ。

刑務官に両脇を抱えられていたが自分の足でステップを踏んだ。

ちなみに、Sの医療費は数百万円。もちろん拘置所が払ったのだから、被害者も払っていた国民の税金が使われたのである。

ウソと演技で減刑!?

婦女暴行で指名手配されていた男が、見るも無惨に若い女性をなぶり殺しにした殺人犯として逮捕された。犯人Wは傷害、覚せい剤など六件の前科があった。取り調べの段階で妻の行方がわからないことが判明した。

Wはのらりくらりの供述で、殺人罪を逃れようとしていた。殺すつもりはなかったので「傷害致死」だと主張していたのだ。

被害者は顔がわからなくなるほどの暴行を加えられ、肋骨などに多数の骨折があった。

司法解剖の結果、十日余り暴行を受け続け、苦しみ抜いての死であることがわかった。Wの思惑は通らずに、検察は殺人罪などで起訴した。行方不明の妻の捜査も続けられていた。トラブルと悲鳴が絶えなかったこと、突然姿を消したことが聞き込みで明らかになった。

やがて、白骨化した妻の遺体も発見された。追起訴され、裁判はいよいよ佳境に。間違いなく死刑の求刑であると予想されると、Wはある日、突然精神病の真似をはじめた。ふとんの綿をちぎり、唾をはき続けたのである。私はWが、死刑逃れにはじめたことだと確信を持って見ていた。しかし、そんなことは刑務官の口からは言えない。やがて精神鑑定に。弁護側、検察側双方の精神鑑定が行われた。

Wはこの鑑定で、鑑定医の質問を聞きながら、死刑を逃れられるのは「犯行時」の精神状況であることに気づいた。ウソは目的をもった演技に変えられた。なんと、嫉妬深い性格と覚せい剤の常習者であること、さらに犯行時の泥酔を強調したのである。

鑑定結果は「犯行時、覚せい剤の後遺症と過度の飲酒の影響があり、責任能力を一〇〇パーセントは問えない」というものだった。

求刑は有期懲役！　私は、心神耗弱《こうじゃく》により、死刑を一刑《いっけい》減刑し「無期」かと思っていたのだが、これには驚かされた。

Wの演技はアカデミー賞もの、検察の鑑定医と検察官をもまんまと騙《だま》したのである。

死刑判決は百人に一人!!

日々、人が人によって殺されている。『犯罪白書』によると、殺人及び、強盗・強姦殺人の認知件数は年間一千七百件（二〇〇二～二〇〇四年の平均）である。

金にセックス、怨念と復讐、行きずりや愉快犯など、今日もどこかで自分を守ることのできない子どもや老人、まったく非のない善良な市民が凍りつくような恐怖の極限に立たされ、殺され続けている。

圧倒的に多いのは、犯人の一方的な欲望による許されざる殺人事件である。

検挙率九十四％、検挙人員は年間一千六百人を超している。ところが裁判になって死刑判決が言い渡されるのは百人に一人ぐらい。死刑判決を受けた人間がいかに悪質で極悪非道な凶悪犯かと思われるだろう。ところが、そうとばかりは言えないのだ。

裁判官は育ちはいいし挫折を知らない人が一般的。だから目の前の人間の本性を見抜く訓練がなされていない。

庶民やアウトローの心などわからないし、悪賢い奴にはころっと騙《だま》される。犯人だけでなく、警察や検察の調書、弁護士の弁論の巧みさにも騙される。

冤罪《えんざい》もあれば、真犯人に無罪を言い渡した誤り、動機の認定誤りなど無数のミスジャッジをしている。

特に冤罪は、拷問があった時代の遺物だと思っている人がいるようだがそうではない。判決が言い渡される件数の何パーセントかは冤罪であると考えて間違いない。しかも、やったやらないといった水掛け論的な痴漢事件など軽微な事件だけではない。死刑囚の中にも冤罪で苦しんでいる人たちがいる。

拘置所と刑務所で何万人もの人間を見てきた私には、実感としてそれがわかる。冤罪は人間が社会という秩序の中で生きている限り永遠にある現象なのだ。

本来求められている裁判官への期待は、真実と冤罪を見抜くことであって、量刑の加減の巧みさでもないし、名奉行の裁きでもない。「女神の天秤」を意識したり「名奉行の裁き」をしようとするから誤りが起こるのだ。

凶悪化する女性犯罪、その耐えられない「命の軽さ」

女の殺人事件は時代を映す鏡

五、六年刑務所に行けば済むのなら……

日本中のいたるところに拘置所がある。県庁所在地にある拘置所では、連日、入出所が繰り返されている。

事件の犯人たちは、起訴されると拘置所に入って来る。不況が長引き、借金まみれになった女が増えている。自らの責任で貧乏になった彼女たちは、夫を殺し子どもを殺す。いとも簡単に……。

驚くべき時代である。

夫殺し子殺しの女たちは、これっぽっちも死刑なんて考えていない。五、六年刑務所に行けば済むのならと、殺人を繰り返して再び拘置所にやって来る女もいる。

死刑に犯罪抑止力（死刑制度があるから死刑をおそれて殺人などの凶悪犯罪を犯さないということ）はない、という死刑廃止論の立場での見解がある。

拘置所で殺人犯を見ている限り、人を殺していながら「死刑」は他人ごとという人間ばかりである。裁判が甘いから、死刑など考えずに人を殺していると思えてならない。

特に弱い者の命はいとも簡単に奪われる。

馬鹿でおろかな人間には、

「人を殺せば死刑だ！」

と叩きこまなければならないくらいだと思われるのだが、いまや人の命は本当に軽く扱われる。

母性をなくした女たち

地方の拘置所の女区は独房が少ないので、殺人事件の犯人でも雑居房に入ることが多い。

三歳のわが子を同居人の夫婦と三人がかりで虐待死させたＳＨ。窃盗犯や覚せい剤取締法違反の女たちと、大事な人命を奪った事件の反省をするでもなく、朝からお菓子を食べてキャッキャッと笑いながらペチャクチャやっている。雑居房はまるで修学旅行の旅館の部屋のようだ。

「裁判出廷よ。用意しなさい」

「はあい」

ＳＨは刑務官の言葉を聞いておもむろに立ち上がった。

「じゃあ行ってきます」

「いってらっしゃい。頑張ってね」

お気楽な被告人たちは、ＳＨに手を振った。

子殺しの裁判にいくのに「頑張って」はないだろう。

「何浮かれてんの。真面目にしなさい」

この道二十年、刑務所で勤務したこともある女性刑務官がたしなめた。彼女は、最近の女囚たちがふざけ過ぎていること、注意をしても何とも思っていないふてぶてしさに腹立たしい思いをしていた。

罪悪感も人命の尊さも考えていない。それでいて裁判所に行けば神妙な顔をして下を向き、自殺でもしなければいいが、と裁判官に心配を掛けるほどの落ち込みようを見せる。その「役者」ぶりは大したものである。

ＳＨは十年余り前にも夫を殺していた。妊娠中の事件ということで、刑期は驚くほど短かった。生まれたばかりの子は孤児院に預けられ、彼女は服役した。

ＳＨは刑務所を仮出所したが、子どもには一度も会いに行っていない。

そのＳＨが、一人残された子どものために何とか寛大な処分を、と涙ながらに訴えているのである。

裁判は約一年かかった。

求刑は懲役十二年。さすがに、裁判官は騙されなかったが、判決は求刑より二年軽い懲役十年だった。

男と遊ぶのにわが子がじゃまだった

わが子を殺し、湖の底に沈めた鬼畜の夫婦がいた。

ＥＭは二十二歳。彼女には二十八歳の夫がいた。子育て真っ最中の専業主婦という立場だったが、ある時愛人ができた。ＥＭはその男と自由に遊べないからと、わが子の殺害を計画したのである。

「しょうちゃん、お散歩行こう」

「ママ！」

日曜日の昼前だった。２ＤＫのアパートのダイニングルームで、二歳になったばかりの小さな男の子がしゃがんだＥＭの胸に飛びついた。

「パパ、やるよ」

ＥＭは夫を見た。すでに話はでき上がっていたのである。

夫はＥＭから子どもを抱きとると、バスルームに入った。ＥＭは座卓《テーブル》を持ってあとに続いた。

浴槽には湯がいっぱいに張ってあった。

「さあ！」

ＥＭは夫の背中をたたいた。

ボッチャン!!

夫は子どもを押さえつけてフタをかぶせた。

ボコボコ、ドンドン——！

ＥＭはテーブルを逆さにしてフタの上にかぶせた。

「しょうちゃん」

夫は浴槽のすきまから出た手を見て躊躇した。今ならまだ助かる。

「やめよう！」

「何言ってんの！」

「だって……」

「さあ押さえて、あんた早く」

顔色も変えず、落ち着いた声を出す妻に恐れをなした夫は、目を閉じて押さえつけた。

「もういいよ」

ＥＭがテーブルから手を放した。

時間は五分余り。長い五分だった。

「死んでいる……」

「あそこに捨てるんだよ」

ＥＭは遺体の遺棄を夫に指示した。

どういう夫なのだろうか？　従順な召使いのようにＥＭの言いなりになっていた。しょう君の遺体はひと月余り経ってから発見された。湖面に浮いていたバッグの中には遺体の他に石ころが入っていた。

重しをつけて湖底に沈めたのである。

妻の浮気を認め、相手を律する力を失った夫は、共犯者というよりも単なる手下に過ぎなかった。

鬼畜よりも劣るこの女も、法廷では実に神妙な顔で「子どもに申しわけない」を連発していた。判決は求刑よりも一年軽い懲役十二年。夫は十年だった。

執行ゼロの三年間に何があったのか

確かにあった死刑廃止の動き

あの時期でなかったら間違いなく死刑

別表「死刑執行人員の推移」（二二九P）を見てほしい。0が三つ続いたところ（'90、'91、'92年）がある。正確には一九八九年十一月十日〜一九九三年三月二十五日までの三年四カ月間、法務省は死刑の執行を停止（？）していた。

死刑の判決を下す裁判所はどうだろうか？　この時期の事件で忘れられない凶悪事件がある。一九九三年当時、私が勤務していた甲府刑務所のすぐ近く――ほんの七、八百メートルの場所にあった甲府信用金庫の行員が犠牲になった身の代金目的誘拐殺人事件である。

八月十日、甲府信用金庫本店にタウン紙の記者を名乗る犯人から、刑務所のすぐ近くの支店に勤務する行員Uさん（十九歳）を取材したいと申し入れがあったのである。信金はＯＫをする。Ｕさんは、社命による取材に応じるべく、犯人から迎えに差し向けられたタクシーに乗った。これがＵさんの最後の姿だった。

翌日信用金庫に四千五百万円の身の代金を要求する電話がかかり事件と判明。十七日に富士宮市の富士川で遺体が発見され、Ｕさんの自宅近くに住む犯人Ｍが逮捕された。Ｍは支店を訪れた際、Ｕさんの胸につけられていた名札を見て指名したことが明らかになった。

被害者と遺族の自宅と犯人の家、そして犯人が裁判を受けるために拘置された刑務所が同一地域にあった珍しい事件だった。

営利誘拐殺人だから、過去の刑事裁判の常識では「死刑」が当たり前だった。犯人には同情すべき点など見当らない残虐きわまる犯行である。

しかし、一九九五年三月、甲府地裁が下したのは無期懲役。検察は控訴したが翌九六年、東京高裁は一審の無期懲役判決を支持し控訴を棄却した。

Ｕさんのご両親は検事に呼ばれた。

「こんな時代ですから、一人を殺したぐらいでは死刑にはならないんです。辛抱してください」

「無念です。どうしてなんでしょう。犯人の家族のほうがいい生活をしているのに……」

ご両親は悔しさに唇をかんだ。

死刑執行人員の推移

（単位：人）

年　次	執行数	年　次	執行数	年　次	執行数
1908（明41）	52	1943（　18）	15	1978（　53）	3
1909（　42）	17	1944（　19）	30	1979（　54）	1
1910（　43）	39	1945（　20）	9	1980（　55）	1
1911（　44）	53	1946（　21）	11	1981（　56）	1
1912（大元）	16	1947（　22）	12	1982（　57）	1
1913（　2）	59	1948（　23）	33	1983（　58）	1
1914（　3）	5	1949（　24）	33	1984（　59）	1
1915（　4）	94	1950（　25）	31	1985（　60）	3
1916（　5）	56	1951（　26）	24	1986（　61）	2
1917（　6）	53	1952（　27）	18	1987（　62）	2
1918（　7）	52	1953（　28）	24	1988（　63）	2
1919（　8）	43	1954（　29）	30	1989（平元）	1
1920（　9）	39	1955（　30）	32	1990（　2）	0
1921（　10）	31	1956（　31）	11	1991（　3）	0
1922（　11）	32	1957（　32）	39	1992（　4）	0
1923（　12）	32	1958（　33）	7	1993（　5）	7
1924（　13）	13	1959（　34）	30	1994（　6）	2
1925（　14）	19	1960（　35）	39	1995（　7）	6
1926（昭元）	29	1961（　36）	6	1996（　8）	6
1927（　2）	12	1962（　37）	26	1997（　9）	4
1928（　3）	21	1963（　38）	12	1998（　10）	6
1929（　4）	13	1964（　39）	0	1999（　11）	5
1930（　5）	15	1965（　40）	4	2000（　12）	3
1931（　6）	19	1966（　41）	4	2001（　13）	2
1932（　7）	22	1967（　42）	23	2002（　14）	2
1933（　8）	28	1968（　43）	0	2003（　15）	1
1934（　9）	35	1969（　44）	18	2004（　16）	2
1935（　10）	14	1970（　45）	26	2005（　17）	1
1936（　11）	11	1971（　46）	17		
1937（　12）	23	1972（　47）	7		
1938（　13）	15	1973（　48）	3		
1939（　14）	14	1974（　49）	4		
1940（　15）	20	1975（　50）	17		
1941（　16）	22	1976（　51）	12		
1942（　17）	11	1977（　52）	4		

注：法務統計年報等による

被害者遺族は死刑という判決を聞くだけで少しは癒されるのだろう。

「どんなに怖い思いをしたか。川に投げ込まれて百キロも流されたんですよ。『お前を殺した犯人に、ちゃんと法の裁きが与えられた。死刑判決が下ったよ……。だからといってお前が返ってくるわけではないけれど、お父さんたちも頑張ったんだ』と霊前に報告したかった。それなのに、無期懲役とは……」

マスコミや心ない噂（「娘さんには多額の保険金が掛けられていた。父親が犯人に殺害を指示したのではないか!?」という噂がまことしやかにささやかれていた）による二次、三次の被害をこうむったご両親に、八年経ってから娘さんの便りが届いた。

お父さん、お母さん。
今の私は結婚しているのかな?
子どもがいるかも知れないね。
これからも元気でいてください。
　二〇〇一年元旦

郵便局に預けたタイムカプセルが開封され配達されたのだ。ご両親にとっては天国から届いた、やさしい、やさしい娘さんの声だった。

●死刑執行再開後の被処刑者一覧

T '93・3・26（金）
（大阪拘置所）'81・6・26上告棄却
殺人・死体遺棄・詐欺　交通事故を装い実母を殺害。保険金を騙取したが発覚を恐れ妻も殺害。

K
（大阪拘置所）'84・9・13上告棄却
強盗殺人・強盗・窃盗　電気店に押し入り子供二人を殺害、両親にケガをさせ金を奪うなど、二十件の犯行を重ねる。

K
（宮城刑務所）'80・4・25上告棄却
強盗殺人・殺人・死体遺棄　保険金目当てに雑貨商と材木商を殺害し、現金を奪う。

D '93・11・26（金）
（大阪拘置所）'84・4・27上告棄却
殺人・死体遺棄・窃盗　盗んだ小切手を幹部の持ち逃げに見せかけるため、専務ら二人を殺害。

S（大阪拘置所）'84・4・27上告棄却
殺人・死体遺棄・窃盗　前出Dの共犯。

S（東京拘置所）'82・9・15上告せず
強盗殺人・死体遺棄・有印文書偽造・同行使　仲間と二人で老女の土地を騙し取ろうと殺害。

K（札幌刑務所）'81・3・19上告棄却
強盗殺人　知り合いの薬局店に押し入り、経営者夫婦と子供を殺害。

Y '94・12・1（木）
（東京拘置所）'85・4・26上告棄却
殺人・銃刀法違反・横領・詐欺　過去に交際していた女性とヨリを戻そうとしたが、断られたことから逆上して家族ら三人を殺害。

S（宮城刑務所）'85・6・17控訴取下げ
強盗殺人等　泊った旅館の女主人を刺殺し、逆上したまま通行人も刺殺。

F '95・5・26（金）
（大阪拘置所）'83・4・14控訴せず
強盗殺人　金欲しさから行きずりの老人二人を殺害。

S（東京拘置所）'87・1・19控訴取下げ
身代金目的誘拐・殺人等　六歳の児童を誘拐して殺害。

T（東京拘置所）'87・10・23上告棄却
強盗殺人等　誘拐事件を計画し、ピストルを奪おうと派出所巡査を殺害。

K'95・12・21（木）（名古屋拘置所）'87・7・9上告棄却
身代金目的誘拐・殺人・死体遺棄　女子大生を誘拐して殺害。

H（福岡拘置所）'87・12・18上告棄却
未成年誘拐・殺人・強盗殺人等　少女を連れ出し殺害。その二カ月後に老女を殺して現金を奪う。

S（東京拘置所）'88・6・20上告棄却
殺人・婦女暴行致傷　農作業中の主婦二人にそれぞれいたずらしようとしたが抵抗され殺害。

I'96・7・12（金）（東京拘置所）'88・7・1上告棄却
強盗殺人・現住建造物等放火　会社の金の使い込みが発覚するのを恐れて上司

とビル管理人を撲殺。ビルに放火して逃走。

Y（福岡拘置所）'88・4・15上告棄却
強盗・殺人・死体遺棄 遊ぶ金欲しさに知り合いの病院長を殺害。遺体をバラバラにしてフェリーから捨てる。

S（福岡拘置所）'88・4・15上告棄却
強盗・殺人・死体遺棄 前出Yの共犯。

I '96・12・20（金）（東京拘置所）'88・10・22上告取下げ
強盗殺人 伯父の老夫婦一家を殺害。預金通帳などを奪う。

H（東京拘置所）'88・10・22上告取下げ
強盗殺人・死体遺棄等 経営資金に困り、社員とともに女性二人を殺害。

N（東京拘置所）'90・2・1上告棄却
強盗殺人・死体遺棄等 前出Hの共犯。

H '97・8・1（金）（札幌刑務所）'88・10・11控訴取下げ
殺人・現住建造物等放火・詐欺 保険金目当てに自分の会社の従業員宿舎に放

火。従業員四人、子供二人が焼死。

H （札幌刑務所）'88・10・11控訴取下げ
殺人・現住建造物等放火・詐欺　前出Hの共犯。

N （東京拘置所）'90・4・17上告棄却
強盗殺人・殺人等　米軍基地から盗んだピストルでガードマンやタクシー運転手など四人を射殺。犯行当時十九歳。

K （東京拘置所）'89・11・20上告棄却
殺人　弟の自殺は父のせいだとして、実父とその内妻ら三人を殺害。本人は自殺をはかったが一命をとりとめる。

S '98・6・25（木）
（東京拘置所）'91・2・5上告棄却
強盗殺人　サラ金などの借金返済に困り知り合いの老女を殺害。無期懲役刑仮釈放七年余で起こした事件。

M （福岡拘置所）'90・4・27上告棄却
強盗殺人・殺人　借金の申し込みを断った友人とその愛人を殺害し現金を奪う。翌日には保険金目当てに妻も殺害。

T （福岡拘置所）'90・12・14上告棄却

強盗殺人等　盗みに入って騒がれたため家人を殺害。無期懲役刑仮釈放中に起こした事件。

T ’98・11・19（木）

（広島拘置所）’91・6・11上告棄却

身代金目的誘拐・殺人等　借金に困って自分がコーチをしている少年ソフトボールクラブの少年を誘拐して殺害。

N

（名古屋拘置所）’89・3・28上告棄却

殺人・同未遂等　保険金目当てに会社役員を殺害他。

I

（名古屋拘置所）’87・4・15上告せず

強盗殺人・殺人・死体遺棄・詐欺　借金返済に困り保険金目当てで三人を殺害。

S ’99・9・10（金）

（東京拘置所）’92・2・18上告棄却

殺人・強制わいせつ等　三歳の幼女にいたずらして殺害。無期懲役刑仮釈放中に起こした事件で、二度目の幼女殺し。

T

（宮城刑務所）’92・7控訴せず

殺人等　飲食店女性経営者殺害。無期懲役刑仮釈放中に起こした事件。

M
（福岡拘置所）'92・9・24上告棄却
強盗殺人等　前妻の親族宅に侵入して母娘を刺殺。義母・妻を死傷させ無期懲役で服役、仮釈放中に起こした事件。

S '99・12・17（金）
（東京拘置所）'91・11・29上告棄却
強盗殺人等　和裁教室を経営する母娘を殺害、現金を奪う。

O
（福岡拘置所）'81・6・16上告棄却
強盗殺人・強盗強姦・窃盗　一人暮らしの女主人を強姦の上殺害、現金を奪う。

K '00・11・30（木）
（名古屋拘置所）'94・1・17上告棄却
強盗殺人・強盗等　京都・大阪・名古屋等で、逮捕されるまでに八人を殺害。

M
（名古屋拘置所）'94・3・18上告取下げ
殺人・銃刀法違反　前妻との復縁に反対した前妻の両親と妹を刺身包丁で刺殺。

O
（福岡拘置所）'95・4・21上告棄却
殺人　自宅の出刃包丁で隣の一家三人を刺殺。

A '01・12・27（木）（東京拘置所）'96・11・14上告棄却
殺人・死体損壊　住居の明け渡し交渉が頓挫、一家五人を殺害。

H（名古屋拘置所）'93・9・21上告棄却
強盗殺人・殺人・死体遺棄・詐欺　借金返済に困り保険金目当てで三人を殺害。

T '02・9・18（水）（福岡拘置所）'98・4・23上告棄却
身代金目的誘拐・殺人　大学生を誘拐し殺害。

H（名古屋拘置所）'98・6・3控訴取下げ
殺人　交際相手の家族三人を殺害。

M '03・9・12（金）（大阪拘置所）'96・12・17上告棄却
強盗殺人等　'85年11月、姫路市で母（30歳）、子（3歳）を殺害現金を奪う。
同年12月、神戸市で主婦（34歳）を殺害し自首。

'04・9・14（火）

T （大阪拘置所）'03・9・26控訴取下げ
殺人等　'01年6月、大阪池田小事件。8人の児童を殺害し15人にケガを負わせた。

S （福岡拘置所）'99・3・9上告棄却
殺人等　'88年3月、大分で部下の暴力団組員に保険金を掛けて殺害。その後態本で口封じに組員二人を殺害。

K '05・9・16（金）
（大阪拘置所）'00・2・4上告棄却
強姦強盗殺人　'83年8月、千葉市で18歳の女性を強姦して殺害、現金を奪う。'89年2月、高知市で24歳の女性を強姦し殺害、現金を奪う。

二〇〇〇年以降、地裁の死刑判決は二桁を維持し、量産され続けている。

ちなみに、一九九三年三月二十六日、法務省（後藤田法務大臣・当時）は死刑執行を再開した。死刑執行が再開されてから、二〇〇五年九月十六日までの十三年間に四十七人が処刑された。

カッコ内は死刑場である。死刑場がある拘置所は東京、名古屋、大阪、広島、福岡で、札幌拘置支所と仙台拘置支所に拘置している死刑囚の死刑執行は、隣接する札幌刑務所、宮城刑務所にある死刑場で執行する。

前例のない確定順番無視の執行

二〇〇一年は誰が見てもわかる通り、執行ゼロを避けた年末ギリギリの執行だった。二〇〇二年の執行は、死刑が確定した順番では当時の死刑確定者五十六人中の三十六番目と三十七番目という二人だった。

前例のない確定順番無視である。順番無視の執行は死刑囚に多大な不安と苦痛を与える。従来は「そろそろおれの番だ」という予測が立ったが、これからはそうはいかない。いつ誰が執行されるかわからない「恐怖の毎日と闘う死刑囚監房」を作ってしまった。

死刑廃止運動が早期執行を招いた？

死刑廃止運動を国内だけでなく欧州にまで広げ、いわゆる外圧をもって法務省に死刑執行停止の圧力を掛けようとした死刑廃止運動をする市民グループ。二〇〇一年六月、彼らにとってはしてやったりの勧告が欧州から政府に届いた。その項目のひとつに「死刑執行順番待ち状態の解消」というのがあったのである。運動の成功だ！　と喜んだのも束の間、結果はこの通り。法務省は勧告を逆手にとって前例のない早期執行をしてしまった。

市民グループの今後の活動には重大な見直しが迫られている。

死刑廃止と終身刑をめぐって

無期刑の厳格な運用ができれば終身刑はいらない！

かつて死刑廃止法案が提出された

国連加盟国（二〇〇六年一月現在、一九一カ国）の半数以上は死刑制度を廃止、もしくは事実上死刑の執行を停止しているという。

欧州諸国は日本政府に対し、前近代的な刑罰である「死刑」を直ちに廃止するように言ってきている。

死刑廃止国には、受刑者を死ぬまで刑務所の中に置き、絶対に釈放しない終身刑という刑罰があるところもあり、日本とは単純に比較できない。

日本のおとなりの国、韓国と中国にも死刑制度があり執行はつづけられている。

第二次世界大戦の後、ドイツをはじめヨーロッパ諸国は、次々と死刑の廃止を決めていった。二〇〇二年はイスラム教の国・トルコでも死刑が廃止され、韓国では死刑廃止法案が提出された。世界は確実に死刑廃止に向かっている。

実は日本でも、死刑廃止法案が提出されたことがあった。一九五六年（昭和三十一年）のことである。

当時の様子を新聞で探してみた。参考になる社説があったので以下に紹介したい。

●死刑廃止の可否（朝日新聞社説）

参議院の各派法務委員等から死刑廃止の法案が国会に提出される模様である。この法案が国会を通過するのは、なかなか簡単なことではあるまいと思われるが、この種の法案が本格的に国会に提出されるのは、今回が初めてであって、それだけでも、これは日本の社会史上画期的な動きといってよい。

死刑廃止にはまだ反対論者もすこぶる多いことであり、その実現までには、幾多の論議が交されることであろうが、世界の各国の動きを通じていうと、死刑が次第に廃止される傾向にあることは、残虐刑がこの地上からだんだん姿を消してゆく傾向と相伴っているように思われる。刑法学の立場も、応報刑という考えから教育刑へと移ってきている。人間が個人的にアダ討ちを行った時代は遠く去って、もう何人もそれを不思議とは考えなくなっている。

個人的な応報が事実としてなくなって、国家が応報をしてやるという思想に代ったかというと、その思想もなくなりつつある。これは、歴史における人間の進歩である。

そういうわけで、人間が人間を殺してはならないということは、個人的にはもう明白な倫理となっている。ただそうした殺人が、国家の名において許され、そして残されている場合が、たった二つある。戦争と死刑とがそれである。そうしていま、われわれは、戦争の悪に対して闘っているわけだが、死刑についてもまた、別個の意味において、これを冷静に正視し、批判し、その存続に断を下すときが迫って来たように思われる。

死刑は廃止しなくてはいけないという主張は、実にいろいろの観点からされている。死刑はそれ自体が残虐であるという人道的な立場から、一途に、その廃止を願うものは非常に多い。残虐な刑罰は絶対に禁ずるというのは、わが現行憲法の規定するところである。ところが、わが最高裁は、昨年三鷹事件の判決にあたって、死刑が残虐刑でないかの如き態度を示したことがある。しかし、残虐とは刑が与える肉体的な苦痛の度合いばかりで量りうるものであろうか。いかなる方法によろうと、生命そのものを奪うということ以上に、刑の残虐なるものがあり得るであろうか。

死刑の廃止は、また宗教的な立場からも主張されてきた。しかし、死刑を廃止すべしとする主張には、もっと普遍的に、何人にも承認されざるを得ない論拠が要るし、またそれは個人と社会の幸福を現在以上に進めることを保証する全面的な根拠が必要である。死刑の廃止によって、国家の名において行う一個の殺人が地上からなくなるばかりでなく、他方、その死刑廃止によって世の中に凶悪犯罪がふえるよ

……………………………………………………………………

うなことはないという、大きな確信が呈示されねばなるまい。

幸にして、各国における死刑廃止の経験と歴史は、死刑が廃止されても、凶悪犯は以前にくらべて増加していないことを示しているといわれている。しかし、そのことよりも、もっと重要なことは、死刑を拒む国々がだんだんふえてゆくに従って、一つの考え方が次第に広まり強まってきていることではあるまいか。

その考えとは、外でもない。……たとえ国家の名においても、またそれが如何なる理由をもっておるにしても、人を殺してはならぬという絶対的な考えである。この考えは、その国自身に死刑が廃されることによって、その国民の間に一層強まってくるにちがいない。それは、単なる理屈による考えではなく、人を殺すということがどんなに許し難いことであるかという感情、その底知れぬ恐ろしさというものが、世の人の心に植えつけられるのである。

これが重要であり、これが人の心の進歩である。

これはしかし、一見、おかしく聞えるかも知れない。極刑がなくなればだれでも容易に殺人のような罪を犯すであろうと見るのが、普通の見解である。しかし、一段と深く考えたなら、いかなる権力も、いかなる理由も、人を殺してはならぬという制度が確立してはじめて、人の生命に手を触れてはならぬという信念が、すべての人の心に芽生えてくるのである。

（以下略）

【一九五六年（昭和三十一年）一月十六日　朝日新聞社説】

終身刑導入は是か非か

二〇〇三年一月、超党派の国会議員による終身刑の導入と死刑執行停止の法案上程の動きがあった。

裁判のいい加減さ、刑務所の実情、長期受刑者の処遇、死刑囚、それらを知らない学者、弁護士、人権活動をしている人たち、国会議員……こうした人々に「終身刑」などという無責任なことは絶対に言って欲しくない。

確かに凶悪事件を繰り返す恐れのある受刑者もいるし、被害者感情からしてみれば許せない受刑者もいる。私は、無期懲役という刑の運用によって終身刑の役割は十分に果たせると思っている。仮釈放を許可する事由を、今以上に具体的に定め、厳格に運用するのである。現在も無期懲役囚が必ず二十年前後で社会に帰されているかというとそうではない。四十数年獄中にいる無期懲役囚がいるし、毎年百人以上の高齢受刑者が獄中で病死している。既に事実上、終身刑と同じ機能を、無期刑は持っているのである。

終身刑を導入したらどうなるか。今の裁判官たちは終身刑の判決を乱発。日本の刑務所人口は十万、二十万人にふくれあがる。七万人でパンク状態の日本の刑務所はいくつ必要になるか、刑務所を一つ建てる予算と一年間に必要な維持費をざっと計算してみよう。

①刑務所建築費……百億円で一千人収容の刑務所が一つ建つ。
②毎年必要になる収容費……一人当たり年間六十万円だから千人で六億円。
③毎年必要になる人件費……職員は三百人、平均年俸を低めに六百万円と見積もっても十八億円。

これだけの金を使うのなら発想を転換し、将来を見据えて日本をよくするために使えばよい。

第六章　死刑を執行するということ

極刑の現場を支える憂鬱

刑務官という職業

「処遇官」と「執行官」の矛盾

私は日本の朝日新聞、毎日新聞、NHKの他に、アメリカ・ワシントンポスト紙、フランス・ルモンド紙、イギリスのBBC放送から取材を受けたことがある。

日本の「刑務官」の話をするとまずは首をかしげ、怪訝な顔をする。職務の内容として保安警備だけでなく教育にも、カウンセリングにも当たっていることが驚きなのだ。もっとも、日本のメディアも大同小異。刑務所の表門に立っている刑務官しか見られないのだから、警備専門のガードマン、もしくはポリスの意識しかない。

刑務官個人の犯罪として暴行、虐待、拷問という言葉が躍った名古屋刑務所事件の報道がいい例である。刑務官は保安警備だけでなく、被収容者と信頼関係を作って生活指導、学科教育、職業訓練、クラブ活動、カウンセリングなどを担当している。

拘置所を小学校に置き換えて説明するとわかってもらえると思う。

舎房担当は学級担任。主任は学年主任。首席は教務主任。処遇部長は教頭である。

矯正教育は受刑者にだけ行うのではない。死ぬために生かされている死刑囚に対しても積極的に行う。

更生してから死んでもらう！

矛盾しているようだが死刑台に上るときは、心から被害者と遺族に謝罪をし、赦《ゆる》されて天国に行って欲しい。きれいな人間になって欲しいと願っているのである。


二〇〇二年七月末、朝日新聞からファックスが入った。

――現在、死刑の存廃問題、終身刑の導入が話題になっています。執行の現場にいた坂本さんに是非意見をお聞きしたいと思っています――

縁があるときは重なるものである。ちょうど映画『13階段』のアドバイザーとして撮影所に通い、死刑執行場面の撮影に入っていたときだった。

撮影が完了してから率直な意見を書かせてもらった。

以下は『朝日新聞』オピニオン欄（二〇〇二年九月十四日朝刊）に掲載された同文である。

●死刑執行の現場から（朝日新聞「私の視点」より）

私は死刑執行の現場にいたことがある。死刑は高松を除く高等裁判所所在地の拘置所や刑務所にある死刑場で執行される。

日本の死刑論議からは、重要な視点が抜け落ちていると思う。それは執行現場の視点、つまり刑務官の視点である。私は一九九四年に退職するまでの二十七年間、刑務官として全国八カ所の刑務所などに勤務した。

刑務官のうちでも、死刑囚の処遇や死刑の執行に直接携わった者は少数派である。そして現場では、死刑について意見表明することをタブー視する傾向が強かった。

死刑囚には刑務作業はなかった。衣類や寝具は自弁《じべん》（差し入れや購入）、食品も自弁できた。

差し入れの菓子や缶詰などがうずたかく積まれ、季節に合った真新しい衣服が常に壁に掛けられている独房も見た。

一日三食、主食と副食を合わせると三千カロリーを超える食事が確実に房に届けられ、午前七時の起床から午後九時の就寝まで、あり余る自由時間を読書などをして過ごしていた。

死刑囚の多くは最終的には心安らかに死んでいくように思えた。宗教家の手を借りて長い期間死を迎える準備をするからである。彼らは赦され天国へ召されていく。至福の死ともいえる。無残に殺された被害者のことを思うと、不公平に思えたほどだ。

私は以前から絞首刑が残虐な刑罰だとは思っていない。死刑囚の首に縄を掛け、踏み板を開けば瞬時に仮死状態になる。だから痛いことも苦しいこともないものだと確信してきた（そう思わなければ刑務官の仕事はやっていられない）。

もちろん執行前に激しく抵抗する死刑囚もいるが、刑務官たちは命令を遂行するため手を尽くしてきた。執行により刑務官に刻まれる精神的ダメージを、死刑を論ずる人たちの一体何割が想像しているだろう。

私は死刑の執行には、当時も今も反対である。これほど無意味で非経済的な刑罰はないと思うからだ。

一人あたり年間約六十万円の予算を使い、逮捕から処刑までの十数年、刑務官らは腫れ物に触る思いでご機嫌をうかがいながら付き合っていた。いつでも死刑台に上ってもらえるよう、心身共に健康でいてもらわなければならないからである。もちろん自殺なども許されない。死刑囚を処遇する際の基本は「殺さず・狂わさず」なのだ。

ある現場幹部は会議の席で「こんなに手数をかけるのなら、早く処刑してしまったほうがいい」と語った。死刑囚を収容している監獄の特別な雰囲気を表した、偽らざる言葉である。

刑務官は日々、犯罪者に罪の重さを自覚させ、償いの手伝いをする責務を負っている。最も分かりやすい償いは、他人の命を奪った罪悪感に苦しみながら刑務作業に励み、労働によって得た金銭をもって賠償することだと私には思えた。生きて働いてこそ償えるものだと今も思っている。

死刑囚の生活を安定させ、償いに向け努力させる手伝いを刑務官はする。そして、その同じ死刑囚に縄をかけて落とす人間も、また同じ刑務官なのである。

死刑制度の強いるこの矛盾が、刑務官たちの口を閉ざさせている。また、死刑を求刑する側である検察官が法務省幹部職の多くを占め、人事権を握っていることも、死刑を語りにくくさせる圧力として現場に作用していると思えた。

結果として国民は、死刑を知らないまま死刑を語り続けているように、私には見える。しかし、死刑を容認し刑務官に執行を任せているのは、まぎれもなく日本国民なのである。

執行に関わる執行官の苦悩

執行命令は原則として断れない。

それでも、事情を話して命令を断る刑務官がいた。

「申し上げにくいんですが妻が妊娠していますので何とか今回だけは……」

「確か、この前も君は同じようなことを言っていたな。それで外した」

首席は方眼紙を貼り合わせてつないだ巻き物状になった順番表をデスクの上で伸ばした。

「お手数お掛けしました。あの時は残念ながら流産しました」

「おい、その前も外されているな。これはお父さんの喪中と書いてある」

方眼紙のマス目に年月日が記され、赤鉛筆で塗りつぶされている。その上に黒のボールペンでバツが書かれ、取り消しの理由が書いてあった。

「その通りです。間違いありません」

「警備隊になった以上は死刑執行は当然の職務だ。就任の時、聞いただろう？　二度も命令に従わなかったのは君ぐらいだ。流産と言えば妊娠の事実はわからんもんな」

「本当です。生まれてくる子になにかあったら、誰が責任を取ってくれるんですか？　私の仲人から、いろいろ聞いたんです。仲人さんは十回以上処刑を担当しました……」

Ｓは首席の前で頑張った。恐ろしい話をいくつも聞いていたからである。

＊

敗戦後二十年余りはバタバタと死刑が執行されていた。今なら、傷害致死になりそうな殺人犯や、動機など前後の事情から、せいぜい懲役二十年といった強盗殺人犯もかなりの数にのぼった。かれらは舎房が満杯だったことから、押し出されるように死刑台に上り、それなりに潔く死刑場の露と消えていったのである。

今生の別れに、ひと目母と妹の姿を見たいと鉄格子を切って脱獄した死刑囚もいたし、うまい物を食い、女を抱きたいと床板をはずして穴を掘り、まんまと舎房の外に出て塀を乗り越え脱獄した死刑囚もいた。

その頃の処刑はすべて手動のハンドル。死刑囚を目の前にして棒状になった鉄のハンドルを思い切り手前に引いて踏み板を落としていた。執行職員の苦悩はとても今の比ではない。何人かの看守部長が気の毒な噂の対象になっていた。拘置所は人手不足だったから、しっかりした職員は何度でも死刑執行を命じられる。五回六回はざらだった。警備隊の看守部長で三十二回という職員もいた。

処刑担当官の任命は優秀な職員の証しのようなものだったが、同僚からは逆にねたまれることもある。何しろ初任給が一万円のころ、処刑を行えば三千五百円（死刑執行手当て）の手当てがもらえるのだから無理もなかった。

「あいつは、八人もの首に縄を掛けた。だから見てみろ、背中はまがっているし、股関節が外れたままだ」

独居の通路を歩く五十歳代の刑務官はピョコン、ピョコンと体を上下に大きく揺すって歩いていた。股関節脱臼にしては上下動が大きすぎる。まことしやかで非合理的な噂は定年の日まで続いていた。

＊

三十歳のA担当は剣道五段。警備隊員として独身時代に四人の死刑執行に携わっていた。処刑の時三人が大暴れした。いずれもA担当は腕をねじあげ、首を押さえ付けて口ープを掛けやすくする手伝いをした。

結婚、出産とおめでたが続いた。出産も五体満足無事だった。

しかし、赤ちゃんが問題だった。首がなかなかすわらないのだ。

いやな噂が流れ始めた。

「A担当のところにできた女の子は一歳になるのにまだ首がすわっていないらしい。ハイハイもできないんで奥さん頭がおかしくなっているらしいぞ」

首のすわらない子の話は本当だった。

そんな噂が出て間もなく、不幸にも官舎で母子心中事件があった。女の子は包丁で刺殺され、皆がうらやむAの美貌の妻は手首を切って死んでいたのである。

＊

死刑にまつわる話を聞いているのはSだけではなかった。首席にも孫が生まれる。

〈断りたいのは俺のほうだよ。S、お前の言う通り！　もしものことがあったらどうする!?　俺だってやりたくない〉

首席はSを担当名簿から外した。

「命令だ！」とは言えなかったのである。

首席は二回の死刑執行を経験した。幹部は何があろうとどんな状況にあろうと部下の手前、断るわけにはいかない。

首席は大枚をはたいて厄払いをし、神仏に安産祈願をして孫の出産を迎えた。

娘さんは無事出産した。

「孫にももちろんだが、娘にも娘の亭主にも、俺が処刑人だったなんて絶対に言いたくない。処刑があった時は新聞とテレビを見ない。電話のベルが鳴っても俺は出ない。娘やおふくろが心配して掛けてくるからな……」

首席の言葉を一般の人はどう思われるだろう。死刑の執行を経験した者はおそらく皆、心の中では「死刑の執行反対！」と叫んでいるに違いない。

死刑囚舎房の担当は三年が限度

『刑史の社会史』という本などを見ると、死刑執行に当たる者は、洋の東西を問わず社会から差別を受ける側にあったようである。先祖代々からの世襲であったり、身分制の中では最下級の者だったという記録が残っている。

嫌な仕事の最たるものだから何の不思議もないのだが、被差別にまつわる悲しい話――娘の縁談が破談になったなどといった類い――は今もある。

劇画でも御覧いただいたあの仕事である。いかに立派に職責を全うしたとしても担当官の心には人の命を奪ったという事実が残る。

そしてそれは、社会的な付き合いの中で大きな心の傷として残る。妻にも父母にも、子どもや孫あるいは姻族関係者などにも絶対にしゃべりたくない。

刑務官の間でも「死刑を執行したことがあるのか？」という質問はタブーである。

舎房担当をしていた看守部長ＴＳさんは内臓を患って手術をし、二カ月の休暇の後出勤した。デスクワークである書信係（手紙の検閲の係）を命じたのだが、どうもおかしい。ブツブツ独り言を言ったり、用もないのにふらりと処遇部長室に入って雑談を始めたりする。元のＴＳさんではないのだ。死刑囚を扱ったこともあるしっかりした刑務官だったが、表情も穏やかであるというより緩んだ顔つきになっていった。

ついに意味不明の言葉を発するようになったので、奥さんを呼び、療養に専念してもらうことになった。

病気休暇の期間が過ぎ、休職扱いとなった。二年三年はあっという間に経つ。いつしか五年の年月が経ってしまった。もう復職の見込みは一〇〇パーセントなくなっていた。こうなれば、辞めてもらうしかない。ついに公務員法による免職の手続きがとられた。

私は人事異動通知書を奥さんに届けた。ＴＳさんは入院したままである。

「これを御覧になってください」

奥さんが私に差し出したのは執務記録という日記帳だった。

「こんなつらい仕事をしていたなんて、わたし存じませんでした」

私の目に「死刑」という文字が飛び込んできた。

何と十年余り前の死刑囚舎房の担当時代のこと、その後の死刑執行のことが書かれていたのである。

当時TSさんは四十五歳。彼が舎房の担当になったとき、拘置所一の処遇困難者Kは誰の言うこともきかず、指示にも従わない荒れ狂った死刑囚だった。

Kは獄中結婚をした。まだ刑が確定する前に女子大生N子と出会った。N子はボランティアに興味があると、死刑囚を支援している友人と一緒に面会に来たのである。

どちらかというと躾《しつけ》の厳しい中流家庭で育ったN子にとっては死刑囚Kが新鮮に映ったのだろう。面会を続けるN子とKの間に恋愛感情が生まれた。挫折を知らないお嬢様と極刑を言い渡された死刑囚の恋は、傍から見れば純愛の極致だろうが、実に危ういものなのである。やがてN子の強い希望で入籍。Kは感謝と喜びに震えながらも、生きて肌を接することも手を握ることさえもできない立場に思い悩むのだった。

それでも、生きてN子と暮らしたいと再審の請求を考えるようになったのだが、破局はわずか四年でやってきた。まず音信が途絶え、半年余り経ってから離婚届けが送られてきた。

N子は既に他の男と一緒に暮らし、妊娠していたのである。

Kは荒れ狂った。嫉妬だけではない。一度希望を持たされた死刑囚にとって、再び死を待つだけの現実を受け入れろというのがどれほど残酷なものか、塀の外にいる人間には想像もつかないだろう。

TSさんは、このKを二年余りかけて落ち着かせたのである。

毎日必ず一時間余り話をする。日常の出来事から趣味の話、やがて偉人伝、歴史、宗教の話などへと進んでいった。

拘置所の規則と刑務官の指示を守り、被害者の冥福を祈るようになったころ、ＴＳさんは配置換えになった。死刑囚がいる舎房の担当は実に過酷である。いかに強靭な精神力を持っていたとしても身も心もボロボロになる。どんなに長くても担当を続けるのは三年が限界なのだ。長い間ご苦労さんという意味も含めて、ＴＳさんは夜勤監督の職務が与えられた。

部下にも収容者にも人望の厚かったＴＳさんに、それから三年後、死刑執行官の命令が下った。Ｋの執行だった。

Ｋだけは執行したくなかっただろう。矯正職員としての自負と経験など自分のすべてをかけてＫを立ち直らせたのだから。そのＫを同じ自分の手で殺さなければならないとは……。

ＴＳさんの葛藤は想像を絶するものだったはずだ。しかも、独房から死刑場までの連行に当たり、踏み板の上では足を縛ったのだから、どれほどのダメージを受けていたのかと想像するだけでも胸が痛む。

内臓を病んだのはその直後だった。

死刑執行という仕事をして精神病を発病したとはとても言い切れないのが、この職務の辛いところだ。仮に公務災害の認定を受けようとしても、因果関係の証明は不可能である。

「奥さん、ご主人は矯正職員の鑑《かがみ》です。官服を脱ぐことによって責任感から解放され自由なお心を取り戻すでしょう。そう祈っています。ありがとうございましたとお伝えください」

私は感謝の言葉を残して、つらい免職の宣告の仕事を終わらせた。

命の尊さを獄舎で詠う哀しみ

死刑囚・島秋人

「赦せるものなら」の願いを抱かせた死刑囚

執行の任に当たった刑務官に、

「彼の執行はこの上もなく悲しかった。しかし、この手で送ることができて幸せだったと思っている。そう思わなければとても耐えられない」

と四十年経った今も涙ながらに語らせる死刑囚がいた。

島秋人と名乗った死刑囚である。

彼の生涯は処刑後に出版された『遺愛集』という歌集に記されている。

私は、この書こそが命の尊さを教える当代第一級の書物であり、万人の心を揺さぶり、死刑制度を考えさせる唯一のものだと思っている。

少年少女から大人まで広く読まれれば、それこそ死刑不要の世の中ができあがるだろう。

私が刑務官になった年に処刑された島秋人。何度読んでも胸がつまる彼の遺書と歌を紹介したい（『遺愛集』島秋人著・東京美術　昭和四十九年発行より）。

島秋人は昭和九年六月二十八日に生れ、幼少時代を満州で過ごした。戦後、父母とともに新潟県柏崎市に引揚げたが、母は疲労から結核に罹りまもなく亡くなった。本人も病弱で結核やカリエスになり、七年間ギブスをはめて育った。学校の成績はいつも最下位で、周囲から低能扱いされて育った。貧しさ飢えによる非行と犯罪で、少年院と刑務所を経験していた。

昭和三十四年雨の夜、島は飢えに耐え兼ね、農家に押し入った。二千円を奪ったが、その際、家人と争いになり主婦を殺してしまった。

島秋人が歌作をはじめたのは、一審の新潟地裁で死刑判決を受けた後、東京拘置所に送られてからだった。

万年最下位の成績だった島にも、中学校の時たった一度だけ先生に褒められた記憶があった。美術の吉田好道先生が「絵は下手だが構図は一番いい」と言ってくれたのだ。

島は拘置所から吉田先生に手紙を書いた。

すぐに先生から驚きと情と厚意の入り交じった返事が届いた。その上、奥さん（吉田絢子さん）から深い憐憫の想いを綴った三首の短歌が贈られてきたのだった。

この「うた」との出会いが、秘められた島の才能の扉を開けるのである。

＊

土ちかき部屋に移され処刑待つ　ひとときの温《ぬく》きいのち愛《いと》しむ
詫ぶべしとさびしさ迫るこのいのち　詫ぶべきものの心に向くる
養母《はは》の愛師の愛君の花差入《くれ》し　情《こころ》うれしと憶ひ優しむ
七年の毎日歌壇の投稿も　最後となりて礼《あや》ふかく詠む

＊

これらは死刑執行前夜に島秋人が詠んだ歌である

…………………………………………

章一郎先生（歌人・故窪田空穂氏の長男）
明日はお詫びの日となりました。長い間の作歌ご指導ありがとう存じます。でも死後出版は空穂先生のお言葉に添う事になるのでよろこびとして旅立ちます。空穂先生の奥様にもよろしくお礼申し上げて下さい。僕の心中は秋水明光の如く落ち付いて居ります。歌集のあとがきを前坂和子君に今日面会してお願いしました。原稿を持参して先生のお宅に行く事と思います。最後まで僕に接して来た前坂君ですから僕の事をくわしく知って居ります。
前坂和子君に歌集出版についてのお手伝いをありましたらさせて下さい。母と父と牧師二人と前坂君と一同集って楽しいひとときを今日は過しました。

別便の葉書にしたため毎日歌壇に最後の出詠をしました。先生お身お大切にお過し下さいませ。橋本喜典氏まひる野の皆様によろしくお伝え下さい。

この澄めるこころ在るとは識らず来て　刑死の明日に迫る夜温し

昭和四十二年十一月一日夜

＊

奥様（吉田絢子さんに宛てたもの）

とうとうお別れです。僕との最後の面会は前坂君も来てくれるので前坂君から聞いて下さいね。

思い残すことは歌集出版がやはり死後になることですね。

被害者の鈴木様へのお詫び状を同封致しますからおとどけして下さいね。僕の父や弟などのことはなるべく知れないよう守って下さいね。父達も可愛《ママ》そうな被害者なのです。

短歌を知って僕はよかったと思って感謝しています。

僕の事は自分で刑に服してつぐないとする外に道のないものとあきらめています。

覚悟は静かに深く持っています。

長い間のご厚情を感謝致します。ありがとうございます。

十一月二日朝（註・処刑の日）

＊

鈴木様

・長い間、お詫びも申し上げず過していました。申しわけありません。本日処刑を受けることになり、ここに深く罪をお詫び致します。

最後まで犯した罪を悔いて居りました。亡き奥様にご報告して下さい。私は詫びても詫び足りず、ひたすらに悔を深めるのみでございます。死によっていくらかでもお心の癒されます事をお願い申上げます。申しわけない事でありました。ここに記しお詫びの事に代えます。

みな様の御幸福をお祈り申上げます。

昭和四十二年十一月二日朝（註・処刑の日）

……………………………………

島はこの朝、他の二名の死刑囚とともに大型バスに乗り、豊島区西巣鴨（現在は東池袋・サンシャインビルが建っている）の東京拘置所を後にした。不帰の死の旅立ちである。バスは大塚から小石川、本郷を経て上野駅前を通り小菅刑務所に向かった。

一時間余り、バスの窓から今生の見納めになる風景を食い入るように見つめ、故郷・柏崎の海を思い出していたのだろう。

島らはこの年新築された小菅の処刑場で絞首刑を執行されたのである。

『遺愛集』に込められた島の思い

『遺愛集』から年代順にいくつか歌をひろってみた。償いのために死を待つ死刑囚の心が胸を打つ。

［昭和三十六年］
世のためになりて死にたし死刑囚の　眼はもらひ手もなきかも知れぬ
たまはりし花をかざりて被害者の　命日の夜を深く詫びたり
独り身の老父《ちち》が洗ひて繕ひし　古ジャンパーを獄にまとひぬ
［昭和三十七年］
上告の棄却通知を受けし夜の　水銀灯の獄庭の寂けく
被害者に詫びて死刑を受くべしと　思うに空は青く生きたし
老い父の生活は楽にはならざれど　窓ある家に移りしを知る
［昭和三十八年］
許されし夢より覚めてきく汽笛　みじろぎがたく聴きつつ愛し
無期なれば今の君なしと弁護士の　言葉憶《おも》ひつつ冬陽浴《よ》びをり
良き鉢を選べるほどとなりにけり　確定じゅんの葉ぼたん選りぬ
［昭和三十九年］

嘘捨ててくらせる日日のうれしくて　死囚の今《いま》の安らひ愛し
ためらふに問ひ悲しみぬ死後の眼を　欲しきにやれぬ死囚の死なり
十円の切手二枚と替へ得たる　アイスクリームの冷きに笑む
［昭和四十年］
わが養母《はは》は未婚のままに養母《はは》となり　母のよろこび深しとありぬ
母よりと手紙《ふみ》のをはりに記されて　殺《あや》めし罪の重きを悟《し》りぬ
ふる里の写真にうつりをさなき日　親切受けしつり具店《や》ありき
［昭和四十一年］
誕生日祝ひて真珠《たま》のかんざしの　小さきをひとつ養母《はは》に贈りぬ
手振りして生活《たつき》の楽になりし云ふ　老父《ちち》を金網《あみ》ごし眺てはうれしき
妹の嫁ぎし事をよろこびつつ　われに刑死の日は迫るなり

現在の死刑はトラブルなく殺すことに主眼が置かれ、騙《だま》し討ちのような後味の悪い処刑を繰り返している。

十六歳の時、島と知り合って以降処刑の前日まで花の差し入れを続けた前坂和子さんの、美しい文章のおわりの部分を今の拘置所長に読ませてやりたい。

……最後の面会（著者注・処刑の前日、拘置所長が養母と前坂さんに来所をお願いした別れの面会）の時、母のない自分に本当の母のように甘えさせてくれ、何でも無理をきいてくれた義母の千葉さんに、自分がたった一つだけした贈り物の真珠のかんざしを目敏くみつけ、「今つけているのが多分そうだとおもうけど」と嬉しそうにしていた気持ちのやさしい島さん。

一番好きだった讃美歌〝いつくしみ深き〟をみんなで歌って泣いて別れた面会。六年間。たった六年間の中でも手紙や歌や面会でふれる島さんの様々の面。書きたいことはまだまだたくさんあります。

（中略）

島さんが七年間にわたって収容されていた東京拘置所の職員の方々。木の花・自然の花が格別好きだった島さんへのとりはからい。また面会所では柏崎の話になると、二言三言一緒に入ってきてくれた看守さん。心が不安定になると一つストーブに手をかざしながら、夜のふけるまで、いつもじっくり語りあってくれた教育課長さん。あたたかい眼で見守ってくれた代々の所長さん。僭越なことながら、島さんに代って深くお礼を申しあげます。

（都立高校教諭二十二歳）

一九六七年（昭和四十二年）十一月十二日

文中にある代々の所長とは、いずれも戦前戦中の刑務所でも活躍した名所長たちである。

大井　久（一九三〇年五月〜一九三五年八月）
小穴鐘藏（一九三五年八月〜一九三八年三月）
佐藤昌之（一九三八年三月〜一九四〇年三月）
岡本　熙（一九四〇年三月〜一九四二年三月）
高橋良雄（一九四二年三月〜一九四三年五月）

あとがき

長々といろいろな角度から死刑を書いてきた。
・死刑執行の現実
・法務省という機構のなかの拘置所
・人事の裏側
・官舎の人間関係
・反省のかけらもない死刑事件の被告人たち
・死刑を逃れた凶悪犯
・あまりにも身勝手な動機によってわが子を殺害した母親
・死刑を執行する刑務官の心情……などなど。

難しい問題であり、平易な記述では表現しきれなかったので編集者・松原健一氏のご好意とご決断により、小説タッチの記述と劇画を入れるという異例のノンフィクション系単行本を作らせてもらった。

私の仕事場の近くに漫画家がアトリエを持っているのを知り、劇画を描いてもらった。

申し訳なかったが何度もラフを描き直してもらい、文字通り微に入り細を穿《うが》つ傑作になった。

長い年月一緒の時間を共有し、時期がくれば処刑の任に当たるという、極めて厳しい職務を遂行する刑務官は、事件の詳細、被害者遺族の心の叫び、死刑囚の心情を知っている。

償いの方法に思い悩んでいる死刑囚の相談を受けることもある。

「死刑制度をどう思うか？」

という質問に対して、拘置所で勤務する刑務官の多くはうまく答えられないと思う。ひとまとめにして論じられる対象ではないし、単純なものではないのである。

刑務官が語る「死刑」は、死刑事件の被告人、真犯人である死刑囚、冤罪の疑いが濃い死刑囚、それぞれの顔を思い浮かべて口を開くことになる。

息遣いも聞こえるほど身近に存在する死刑囚についてケース・バイ・ケースで考えることなのである。

これだ！　という明快かつ論理的な学説に出会ったのはもう何年も前のことである。

当時中央学院大学教授だった重松一義先生から「死刑制度永久必要論」という論文をご恵贈賜ったのである。それは、執行現場にある刑務官のだれもが納得する死刑制度論なのだった。私にとって重松先生は矯正職員としては大先輩であり、学問の上では恩師である。ここにその結語の部分の一部を謹んで紹介させていただく。心打たれる箇所に傍線を施した。

ところで私は、世論調査の数値的結果（著者注・常に死刑存置が七〇パーセントを占めている）でもって死刑制度が妥当と主張するものではない。

死刑制度は賛成多数といった多数決の原理で決まり、あるいは決めるべきものではなく、もっと深い永遠不動の哲理を見据え決せられるものと考えている。

ただ凶悪事件が続発する現在、死刑存続を支持するこの反応は、文明国家の、秩序維持のバロメーターとして実に鋭敏な反応であり、国民が犯罪から自衛しようとする健全な感性にあることを知るデータと判断したい。

なぜならば、私は死刑制度は人類と獣類とを区別するレフリー、分岐点として存在すべきものとの認識にあり、たとえ千年、万年凶悪犯罪が起らぬとも、人類自身の戒《いさ》めとして、錘《おも》しとして、法として掲げつづけて置くことが、人類の叡智であり、見識であり、人間の尊厳と考えるからに他ならない。

法は存在すること、すなわち、たとえ適用されずとも厳然として存ることに意味があり、これほど重大な存在価値ある死刑制度を、時に試行、時に一時停止、時に暫定的廃止、そして復活すること自体に誤りがあると云わねばならない。

死刑制度は恒星のごとく永久に存在してこそ人間の真価を問うものなのである。ひと口に言って、死刑の法条を法典から消去すれば社会の秩序が立ち、死刑廃止を看板として掲げれば文化国家の証しであるなどというほど、人間は、社会・国家は単純なものではないのである。

――（中略）――

死刑制度は、人間のみが万物の霊長として自らが獣類と区別する誇るべき永久不変の制度であり、錘しであり、自らの戒めであると共に、人類ある限り永久に存続させねばならないと考える。

人類はいまだ神のごとく円熟し、適切な自己制禦（セルフコントロール）に到達していないという認識にあるからである。

死刑制度は人類のみに課せられた、人間の自律性を問う永遠の課題なのである。

（中央学院大学法学論叢第八巻第二号より）

私が死刑を語り、つまるところ「死刑制度は存続させ、処刑の反対」を訴えるのは、朝日新聞の社説にあったように、国家が殺人を犯す戦争には、いかなる事情があろうとも絶対反対の立場をとるからである。

おわりに、アメリカとイギリス、それにイージス艦を派遣した日本によるイラク攻撃が回避されることを強く願いつつペンを置く。

二〇〇三年一月十八日（対イラク攻撃反対世界統一行動ＤＡＹ）

坂本敏夫

文庫版あとがき

▼増え続ける受刑者

本書を書いた時のデータ（二〇〇二年）に比べると、最新データ（二〇〇四年）による受刑者数は約七千五百人増えている。

窃盗、強盗といった利欲犯罪だけでなく、子どもが被害者になる凶悪事件も多発している。そして、殺人、強盗、強姦・強制わいせつといった凶悪犯罪の犯人たちは、前科前歴のある再犯者が半数を占めるという衝撃の事実がある。

バブル崩壊後の犯罪増加傾向は予測されてはいたが、景気が回復しつつあるにもかかわらず、受刑者数が減る兆しは一向にない。刑務所人口の増加は、不況だけが原因ではなさそうである。それが私には、受刑者処遇の厳しさが失われることに比例しているように思われて仕方がない。

近年、外国人受刑者の増加に伴い、日本の刑務所は諸外国からも注目されるようになった。国連機関、欧米諸国のＮＧＯから、拘束具の使用や死刑制度への非難などが、一九九七年ごろから日本政府に届くようになったのだ。

行刑施設の一日平均収容人員の推移

年	受刑者	死刑確定者	未決拘禁者
1989	44,247	38	7,410
1990	41,141	43	6,952
1991	38,657	49	6,949
1992	37,522	54	7,198
1993	37,209	56	7,664
1994	37,318	58	8,037
1995	38,013	57	8,283
1996	39,521	53	8,636
1997	40,977	52	8,859
1998	42,611	52	9,060
1999	44,110	53	9,469
2000	47,683	53	10,637
2001	51,668	55	11,323
2002	55,132	57	11,694
2003	59,069	57	12,052
2004	62,641	59	11,686

平成17年版『犯罪白書』による

法務省は「拘束具を使うな」といった通達を出し、刑務所の現場はそれを直ちに受け入れた。受刑者の人権を保障するという美名のもと、「受刑者の優遇」「行動規制の緩和」という措置をとったのである。受刑者にとって、〝厳しい〟刑務所から〝楽な〟刑務所に変われば、再入も抵抗がないであろう。

殺人、強盗殺人、強盗、強姦などの凶悪犯罪が激増したためか、超党派で「死刑廃止法案」を出す動きは、立ち消えになっている。

死刑新規確定者数もここ二年は二桁である。死刑廃止の動きとは反対に、死刑量産時代が訪れたのだろうか。けれども死刑判決が、殺人がらみの凶悪犯罪の抑止力を持つとは思われないような昨今の状況である。

死刑の執行もしかりで、あの大阪池田小事件の宅間守の処刑後も、小学生が殺害される事件は後を絶たない。死刑確定から一年以内の執行は、私が刑務官になった一九六七年以降には例のない早期執行である。おそらく、凄惨な犯行現場が人々の記憶に新しいうちに執行し、抑止を期待したのだろうが……。まだ心身の傷が癒えない子どもたちと、被害者遺族のことを思うとたまらない気持ちになる。

年	死刑新規確定者数
’89	5
’90	6
’91	5
’92	5
’93	7
’94	3
’95	3
’96	3
’97	4
’98	7
’99	4
’00	6
’01	5
’02	3
’03	2
’04	15
’05	11

「法務省統計年報」などによる

▼累犯者・死刑台への道

人生の半分を獄中で過ごしている六十二歳の男が拘置所にいる。

「おくやみドロボウ」と呼ばれる窃盗で逮捕され、一審で懲役四年を宣告されたが、判決に不服があって控訴した男である。

男は新聞のお悔やみ記事を見て家を下見する。香典がたくさん集まりそうだと思われる裕福な家に狙いを定め、葬儀に出かけた留守中に空き巣に入っていたのである。

しかし、この男はとんでもない別件にも関わっていた。それは確実に死刑台に立つ事件であった。

＊

「今度こそは、つかまらないようにうまくやる！」と仮出所した男は刑務所仲間と共謀し、仮釈放期間中の二〇〇二年八月からわずか三カ月の間に、三件の強盗殺人事件を起こし四人を殺害した。

累犯者が起こす殺人事件は全件数の四〇パーセント、強盗にあっては五〇パーセントにも達する。

平成のはじめ、私はこの男を甲府刑務所で見た。目立たない模範的な受刑者だった。

二〇〇二年六月、十数年という長い懲役を務め、宮城刑務所を仮釈放で出所した小田島鉄男は、保護観察所に直行した。保護観察官のもとを訪ね、保護カードをもらわなければならないからだ。

小田島は以前、甲府刑務所を仮釈放で出所したときも、仮釈放期間中に強盗事件を起こしている。仮釈放を許可する地方更生保護委員会は、再犯期間が短い者には仮釈放を認めていない。よって、通常だと満期釈放になるはずだが、小田島の場合、刑務所での成績が良く、刑期が長かったこともあり、特別に仮釈放が認められたのだろう。

刑務所の受刑者に対する成績評価の基準は、大きな反則を犯さない、与えられた作業をまじめにやる、刑務官に対して礼節ある好感を持たれる接し方をする、この三点である。

仮釈放上申の条件に、「更生の意欲があること」というのがあるが、これは本人が「もうドロボウはいたしません。今度こそまじめに仕事をして更生します」と言えばそれで十分なのだ。

共犯者の守田克実とは宮城刑務所の中で知り合い、意気投合して犯罪計画を練った。小田島は「生かしておいたから足がついて捕まった。今度は顔を見られたら殺す」と公言していた。守田はそんな小田島をたのもしいと思い、出所後の行動を共にすることを決意する。二人は在所中に投資の勉強をするからと言って、『会社四季報』などを購入し、ドロボウに入る家を物色していた。

小田島が仮釈放になったときに身元を引き受けたのは、東京の更生保護施設である。

本来ならばここで少なくとも三カ月は世話になって、就職先を決めてから自立するのが決まりなのだが、小田島は、はなから正業に就くつもりなどなかった。先に出所して群馬県にいる守田のところに行く機会を狙っていたのである。

保護施設を退所したのは、長期刑の者が中間処遇施設での収容生活を義務付けられている、一カ月が経過した直後だった。保護観察中だから、転居先を届け出て許可をもらわなければならない。「別れた妻の実家に行く」とウソをついて退所した。

東京保護観察所は小田島のウソを確認しなかった。公権力を使って調べればウソはバレるし、仮釈放の取り消しもできる。だが、保護観察事件数があまりにも多く、動きが取れないのである。せいぜい保護司に調査を依頼する程度のことしかできない。しかし、これとて効果は望めない。保護司は完全な民間ボランティア、ほとんど何もできないのが現状だ。

小田島は、守田と同居をはじめると、たちまち、刑務所内で計画していた犯行に及ぶ。二〇〇二年八月五日、二人は千葉県松戸市に向かった。狙いはマブチモーター社長宅である。午後三時ごろ、二人は宅配業者を装って玄関から室内に入り、夫人と長女をネクタイで縛り、口に粘着テープをはった。

先に現金と貴金属のありかに案内させ、財物を奪ってから絞殺。さらにガソリンをまいて証拠隠滅のために火を放ったのである。

残虐で荒っぽい手口に、多くの人は外国人の犯罪プロによる犯行ではないかと思ったはずだ。小田島をよく知る刑務官は、「所内ではまじめで、よく気が付くいい受刑者だった」と言い、人殺しをしたとはどうしても信じられないと語った。

大した金にもならなかったからか、さらに事件を繰り返す。

九月二十四日午後七時ごろ、東京都目黒区の歯科医宅に空き巣に入り、帰宅した歯科医を絞殺し現金を奪い、十一月二十一日には、千葉県我孫子市のマンションに押し入り、金券ショップ経営者の妻を絞殺し現金を奪った。

これらの事件は、共犯者の守田が良心の呵責に耐えかねてか、上申書に事件の概要を認《したた》めたために発覚したものである。

小田島は四十年前から今日に至るまで窃盗を繰り返し、刑務所を渡り歩いてきた。おそらくまともに就職したことはないのだろう。窃盗から常習累犯窃盗へ、そして三億円を強奪する強盗事件を起こし、今回の強盗殺人に至っている。

その間彼は、刑務所が組織として取り組んだとされる「更生のための教育」を一度として受けたことはないと思う。そんなものが存在しないからである。「刑務所は犯罪者を社会から隔離し、彼らに仕事をさせるところである」と思っている幹部が多いのが実情だ。

▼平成十八年夏・行刑施設（拘置所、刑務所）が荒れる？

平成十八年夏、刑務所や拘置所の風紀が乱れる恐れがある。「刑事施設・受刑者処遇法」が施行されるからだ。それは、行刑の現場の実態すら知らない法務省官僚が、「名古屋刑務所の刑務官による受刑者死傷事件」を前提にした、行刑改革会議の提言を受けて法律を作ったからである。

法律の施行には、施行規則をはじめ膨大な実施細則を作らなければならない。現場無視の規則は次々に作られているが、それらは現在、行刑施設で最も重視される塀の中の安全と保安を犠牲にしなければ実施できない内容になっている。

法改正プロジェクトは少年院職員を中心に動いているという。五十人の少年を五十人の法務教官が個別に処遇をしている少年院と、一人の刑務官が数十人の受刑者を受け持っている刑務所とでは、建物設備、専門職員の配置といった環境が全く異なる。

そういった現場を見ようともしない法務省矯正局の姿勢に、行刑の現場では大量の刑務官が退職することになりそうだ。

「受刑者を逃がさなければいい、というだけの刑務所になりそうだし、刑務官は受刑者の小間使いのような存在になってしまう……」

と、施行後の刑務所の行く末に対する不安を、現場の刑務官は抱えている。

行刑改革！

受刑者の人権尊重！

言葉は立派だが、その前提となる行刑施設の実態について、立法府の国会議員が知ろうとしなかったことが残念でならない。今でも受刑者の人権は、被害者の無念を考えれば十分過ぎるほど守られている。

新法施行後に大きく変わるところで問題になりそうなのは、

＊外部との交通（面会と手紙）に電話を加え、回数を面会は月に二回以上、手紙の発信は月に四回以上を保障し、相手方も親族に限っていたが、その制限を事実上なくす。

＊外出、外泊を認める。

などである。

面会と手紙の件数増は深刻である。現在の職員数では、「立会い」と「検閲」は止めるか、大幅に手を抜かざるをえない対応になるだろう。

外出、外泊は監視がつかないので、被害者が報復されて再び被害者になる事件が起こってもおかしくない。

今現在も、刑務所が犯罪学校になり、再犯受刑者が起こす凶悪事件が後を絶たない現状に非難の声があがっているのに、規制と保安が根底から崩れる危険性が高い新法施行後を想像すると、とても恐ろしくなる。

二〇〇六年　春

坂本敏夫

単行本　二〇〇三年二月　日本文芸社刊

文春文庫

元刑《もとけい》務官《むかん》が明《あ》かす
死《し》刑《けい》のすべて

定価はカバーに
表示してあります

2006年5月10日　第1刷
2009年4月10日　第13刷

著　者　坂《さか》本《もと》敏《とし》夫《お》
発行者　村上和宏
発行所　株式会社 文藝春秋
東京都千代田区紀尾井町3-23　〒102-8008
TEL 03・3265・1211
文藝春秋ホームページ　http://www.bunshun.co.jp
文春ウェブ文庫　http://www.bunshunplaza.com

落丁、乱丁本は、お手数ですが小社製作部宛お送り下さい。送料小社負担でお取替致します。

印刷・凸版印刷　製本・加藤製本

Printed in Japan
ISBN4-16-767987-6